BuddhAll

BuddhAll.

All is Buddha.

BuddhAll

長壽佛

佛頂尊勝

白度母

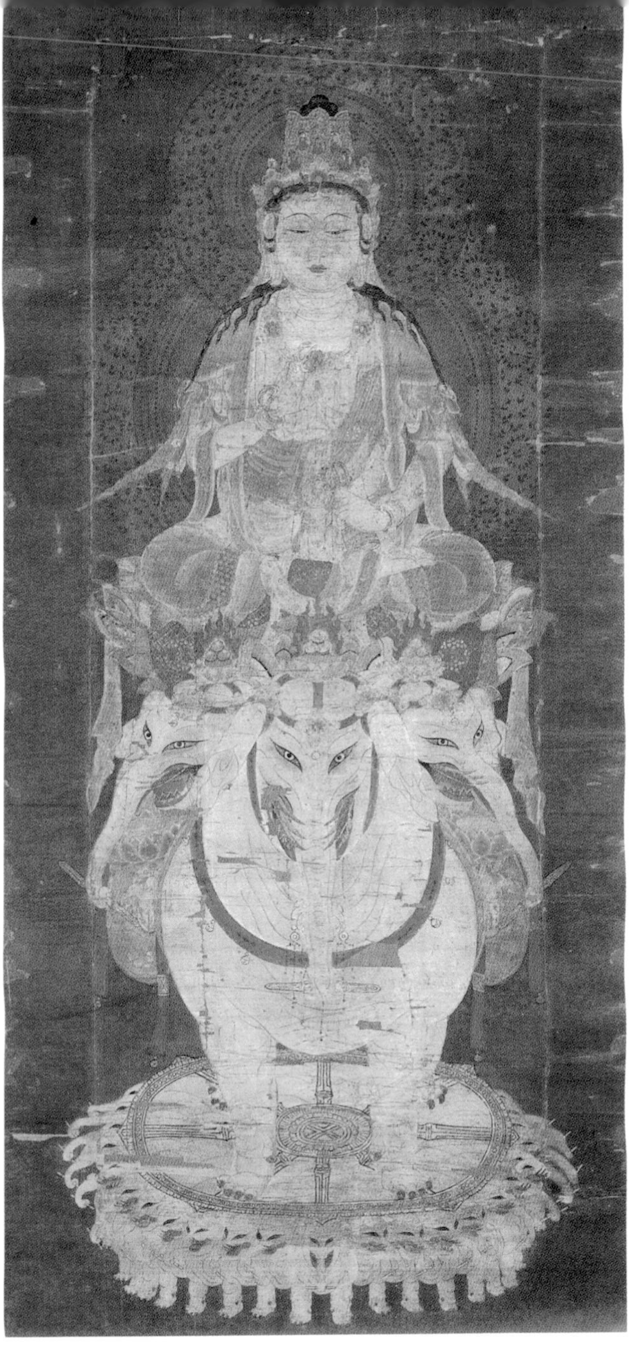

普賢延命菩薩（12 世紀）

延命地藏（14 世紀 • 日本高野山）

十一面觀音（12 世紀）

四臂觀音（17 世紀）

北斗曼荼羅（日本江戶時代・京都東寺）

佛教小百科 14

Encyclopedia of Buddhism

本書介紹佛教中特別具足長壽延命因緣與特質的佛菩薩本尊及其真言咒語，以及相關的經典、法門，祈願所有的修持者，不僅能避免各種疾疫、病苦，遠離旱夭、橫死等災難，更能獲得身心安樂，長壽自在。

長壽延命本尊

主編 洪啓嵩

BuddhAll

目錄

第3篇 長壽延命的經典

出版緣起

佛法的深妙智慧，是人類生命中最閃亮的明燈，不只在我們困頓、苦難時，能撫慰我們的傷痛；更在我們幽暗、徘徊不決時，導引我們走向幸福、光明與喜樂。

佛法不只帶給我們心靈中最深層的安定穩實，更增長我們無盡的智慧，來覺悟生命的實相，達到究竟圓滿的正覺解脫。而在緊張忙碌、壓力漸大的現代世界中，讓我們的心靈，更加地寬柔、敦厚而有力，讓我們具有著無比溫柔的悲憫。

在進入二十一世紀的前夕，我們需要讓身心具有更雄渾廣大的力量，來接受未來的衝擊，並體受更多彩的人生。而面對如此快速遷化而多元無常的世間，我們也必須擁有十倍速乃至百倍速的決斷力及智慧，才能洞察實相。

同時在人際關係與界面的虛擬化與電子化過程當中，我們更必須擁有更廣大的心靈空間，來使我們的生命不被物質化、虛擬化、電子化。因此，在大步邁向新世紀之時，如何讓自己的心靈具有強大的覺性、自在寬坦，並擁有更深廣的慈悲能力，將是人類重要的課題。

生命是如此珍貴而難得，由於我們的存在，所以能夠具足喜樂、幸福，因自覺解脫而能離苦得樂，更能如同佛陀一般，擁有無上的智慧與慈悲。這種菩提種子的苗芽，是生命走向圓滿的原力，在邁入二十一世紀時，我們必須更加的充實。

因此，如何增長大眾無上菩提的原力，是〈全佛〉出版佛書的根本思惟。所以，我們一直擘畫最切合大眾及時代因緣的出版品，期盼讓所有人得到真正的菩提利益，以完成〈全佛〉（一切眾生圓滿成佛）的究竟心願。

《佛教小百科》就是在這樣的心願中，所規劃提出的一套叢書，我們希望透過這一套書，能讓大眾正確的理解佛法、歡喜佛法、修行佛法、圓滿佛法，讓所有的人透過正確的觀察體悟，使生命更加的光明幸福，並圓滿無上的菩提。

因此，《佛教小百科》是想要完成介紹佛法全貌的拼圖，透過系統性的分門別類，把一般人最有興趣、最重要的佛法課題，完整的編纂出來。我們希望讓《佛教小百科》成爲人手一冊的隨身參考書，正確而完整的描繪出佛法智慧的全相，並提煉出無上菩提的願景。

佛法的名相眾多，而意義又深微奧密。因此，佛法雖然擁有無盡的智慧寶藏，對人生深具啟發與妙用，但許多人往往困於佛教的名相與博大的系統，而難以受用其中的珍寶。

其實，所有對佛教有興趣的人，都時常碰到上述的這些問題，而我們在學佛的過程中，也不例外。因此，我們希望《佛教小百科》，不僅能幫助大眾了解佛法的名詞及要義，並且能夠隨讀隨用。

《佛教小百科》這一系列的書籍，期望能讓大眾輕鬆自在並有系統的掌握佛教的知識及要義。透過《佛教小百科》，我們如同掌握到進入佛法門徑鑰匙，得以一窺佛法廣大的深奧。

《佛教小百科》系列將導引大家，去了解佛菩薩的世界，探索佛菩薩的外相、內義，佛教曼荼羅的奧祕，佛菩薩的真言、手印、持物，佛教的法具、宇宙觀……等等，這一切與佛教相關的命題，都是我們依次編纂的主題。透過每一個主題，我們將宛如打開一個個窗口一般，可以探索佛教的真相及妙義。

而這些重要、有趣的主題，將依次清楚、正確的編纂而出，讓大家能輕鬆的了解其意義。

在佛菩薩的智慧導引下，全佛編輯部將全心全力的編纂這一套《佛教小百科》系列叢書，讓這套叢書能成爲大家身邊最有效的佛教實用參考手册，幫助大家深入佛法的深層智慧，歡喜活用生命的寶藏。

長壽延命本尊——序

現世的安樂、圓滿吉祥的人生，是每一個人心中的願望。如何擁有健康長壽，不受到各種災病與橫禍，而能安心修行，以成就無上菩提，更是所有佛教徒所衷心祈願的。當然，如果能像阿彌陀佛一般，具足無量壽命，圓滿世間與出世間的勝願，成就無上菩提，更是最殊勝的心願了。

人生無常，讓我們在生命歷程中，感受到生命的苦迫，而生起修持佛法，以離苦得樂的心念。但是在修行的過程中，大家總祈願能夠安穩而無間斷的修行，以圓證無上的菩提。因此如何讓修行人安心穩定的修行，而沒有壽命中夭的壓力與障礙，實在十分必要。

何況在無常的世間中，那麼多的眾生，受到病痛的折磨，經歷各種橫禍的死亡、夭折，確實是讓人悲憫心痛。因此，具足大慈大悲心願的佛菩薩們，就常施予無邊的救濟。讓眾生在世間生死的險途中，有所護佑、安慰，在修行的歷程中，能具足壽命，而不致中斷菩提大道。

諸佛菩薩大慈大悲的救度眾生，因此，我們如果能夠衷心祈願，必定能獲得護佑，而功不唐捐。但在無數的佛菩薩當中，由於往昔的因緣、願行所修持的法門，或因爲在示現教化中，特別示現了濟度眾生的病苦、橫難，而使眾生能夠延命長生，具足長壽的因緣。而這一類的因緣，就出現了具有延命長壽特德的佛菩薩及法門。

這就如同在《藥師經》中所說：「是故勸造續命幡燈，修諸福德；修福故，盡其壽命不經苦患。」

因此，在延命長壽的佛菩薩加持之下，能夠使我們除去眾病、災難，身心安樂，並能遠離早夭、橫死，而得以長壽自在。這應該是所有人的心願吧！

在本書中，介紹了具足延命長壽因緣的主要佛菩薩等本尊，這些佛本尊不只能夠讓我們在現世中得到長壽自在、身心安樂，更能導引我們在無上菩提大道中，修證圓滿，成就無量壽。

而延命法（Jani-tam）在密教中，屬於息災、增益、敬愛、調伏、鈎召、延命等六種修法之一，是極爲重要的一套修法系統。因此本書中所介紹的延命長壽本尊及修法，必能帶給大眾身心安樂長壽自在如意。

祈願延命長壽的本尊及法門，能幫助一切眾生，獲得一切身心的喜樂、吉祥長春，自在長壽，並能無災無病，進而圓滿無上菩提，成就如同阿彌陀佛般的無量壽命、無量光明。

第1篇

總論

長壽自在的人生

佛法的修行，不只期望眾生能在世間中，獲得吉祥安樂、光明幸福，更能在出世間當中，得到解脫自在、究竟圓滿，證得無上的菩提。

因此，面對生命的各種苦迫，如何讓眾生離苦得樂，是佛法中長遠不變的主題。除此之外，眾生更進一步期望自身能具足健康、長壽、福德、財富及和樂的眷屬，並擁有更高深的智慧、權位、能力與影響力，這些雖然是屬於世間的願望，在佛法中也能充分被理解並加以昇華，而且能明示我們如何具足這些條件的因緣，來圓成真實長壽自在的人生。

或許這正如《藥師經》中所說：「復應念彼如來本願功德，讀誦此經，思惟其義，演說開示，隨所樂求，一切皆遂：求長壽得長壽，求富饒得富饒，求官位得官位，求男女得男女。」

諸佛菩薩爲了讓眾生滿足世間的吉祥善願，在他們所發起的本願中，以自身的功德力，來護念眾生，使眾生的各種心念願求得以實現，此乃是因爲眾生會有這些心願祈求，正代表著他們的生命，有著這些的苦迫與不圓滿。

但是諸佛菩薩爲何要滿足眾生的這些心願呢？除了讓眾生遠離種種災難苦迫，安心修行之外，更進一步具足豐足的財富、長壽自在的生命，擁有更廣大的度眾方便。而這都是大慈大悲的佛菩薩救度眾生的無量方便。

在《藥師七佛經》卷上中說道：「彼佛世尊及諸菩薩護念是人，一切罪業悉皆消滅，無上菩提得不退轉，於貪、恚、痴漸得微薄，無諸病苦、增益壽命，隨有情求、悉皆如意。」

由此看來，希望眾生具有無諸病苦、增益壽命的身心；並且能所願滿足、悉皆如意；是希望眾生能夠擁有健康長壽的身心，如此才能自在掌握身心的修行；使貪、瞋、痴三毒逐漸減少微薄，而除去一切罪業，在無上菩提中不退轉，最終而圓滿成佛。

畢竟，早夭或常病的身體，或是身心不健全，根本無法來圓滿的修行。在身心還沒發展成熟、智慧尚未具足就夭折的生命，其實多只是身受業報痛苦而已，根本還不能有自覺的意識，開始修行，何況是修行成就！而多病的身體、身心不健康，除了一些特例之外，也無法提起心力修持，一生中，還是以接受業報為主了。

諸佛菩薩的慈悲本懷；護佑眾生無病長壽、常樂自在，除此之外，他們希望眾生能在更良好的身心條件之下，安穩自在，具足修持無上菩提的力量，來圓滿無量光明、無量壽命的生命境界。

護佑長壽延命的本尊

生、老、病、死是人生的四大苦迫，如何遠離這四種根本的痛苦，是佛陀修行的根本力量，也是佛法修證的最重要課題。人類由於往昔的因緣，因此這有漏的身心，難免受到貪、瞋、痴等三毒的業報，而有種種的苦難。

而諸佛菩薩雖然有時在世間示現無常的身相，但根本上，正如《異部宗輪論》中所說：「如來色身實無邊際，如來威力亦無邊際；諸佛壽量亦無邊際。」

佛身常住於法界，而應因緣示現於世間。

其實，這也是《法華經》〈如來壽量品〉中，佛陀宣說：「如是我成佛已來，甚大久遠，壽命無量阿僧祇劫，常住不滅。」的根本意旨。

而諸佛菩薩具足久遠的壽命、無邊的威力，並具足大慈悲心，永遠關懷眾生，應眾生的因緣而予以濟助。這樣的悲心，佛菩薩們化為本願、化為行動，常在世間的救度我們。而這正如在《佛說大乘無量壽莊嚴經》中，極樂世界的阿彌陀佛所發本願中的一願：「我得菩提成正覺已，所有眾生令生我剎，命不中夭，壽百千俱胝那由他劫，悉皆念得阿耨多羅三藐三菩提。」

阿彌陀佛又譯為無量壽佛，因為他的壽量無邊無盡，而他在極樂世界中已成證佛果，不只希望大家能往生極樂世界，也如同他一般，具有無量壽命，並圓滿無上菩提。

我們都希望能具足無量壽，並證得無上的菩提佛果，但如果在目前無法達到，也希望能具有健康的身心與福壽，不只在世間能安穩自在、吉祥健康，而且更能安心修習佛法，發起無上菩提心，漸次修證圓滿。

在佛法中，諸佛菩薩以種種的本願、因緣、威德力量，來使我們的心願成就。而在這些佛菩薩當中，有的本尊由於其本願、因緣以及修法有特別與延命長壽的法門相應，現在特輯爲《長壽延命本尊》，使所有修行人，能依止修持，而得到長壽自在。

這些延命長壽的佛菩薩，不管是顯教或密教的諸尊，都極具效驗，修行者如果能如法修持，必能獲得成效。除此之外，有些經典之中，特別開示延命長壽的法門，在本書中也特別加以介紹，如果依據這些經典來修習，也必能如意。

在密教中，一般將密法分爲四種：

⑴息災法（śāntika）：爲消除外在的災難、障害、煩惱及罪障等的修法。

⑵增益法（puṣṭikarman）：爲增進世間性的幸福及修行上的福德的修法。

⑶敬愛法（vaśīkarana）：爲祈求獲得親睦及尊敬的修法。

⑷調伏法（abhicāraka）：爲積極化解怨敵等災難、泯滅自他煩惱的修法。

密教中，這四種法除了用以區分修法的目的，及其所能達成的世間願望外，也顯示出成就佛道的修行法門之義。在藏密中則略稱此四法爲息、增、懷、誅。

而除了這四法之外，有時再加上鈎召法（ākarṣa）而成爲五種法，有時又從增益法中，再分出延命法（Jani-tan），就成爲密教的六種法了。一般增益法可分爲四種：

一、福德增益，謂能得到廣大福德。二、勢力增益，謂能獲廣大勢力、官位、爵祿。三、壽命增益，謂能滅除身中所有害命之病，增長壽命。四、悉地增益，謂能成就無量悉地，而延命法即四種之中的壽命增益法。

如果能夠無病長壽、歡喜自在，具有世間的無量福德，並且發起無上菩提心，修行正法，而圓滿無上菩提，這是最幸福、快樂之事了。

希望透過這本書，能讓讀者更了解諸長壽延命本尊、修法以及各種長壽的經典，並幫助所有修行者能無病自在長壽，直到圓滿成佛，具足無量壽。滿足一切世間與出世間的願望。

第2篇

長壽延命本尊

第一章 佛部

阿彌陀佛

阿彌陀佛又稱為無量壽佛，其壽命無量，光明無量，能護佑眾生圓滿無量壽命、無量光明。

【特德】

阿彌陀佛（梵名Amitaba或Amita-buddha），意譯爲無量光或無量壽佛，乃是西方極樂世界的教主。在大乘佛教中，阿彌陀佛佔有極重要的地位；他以觀世音、大勢至兩大菩薩爲脇侍；在極樂世界中，實踐其教化眾生，接引有情的偉大悲願。

阿彌陀佛又名無量壽佛，從名號上即可看出其爲重要的延命長壽本尊。經中說：彼佛壽命及其人民無量無邊阿僧祇劫，故名爲彌陀。

在極樂國土中，眾生的壽命是無量的，彌陀也是無量壽，因爲極樂世界乃是彌陀佛的大悲心、大願力所成就，不可思議的法界。

阿彌陀佛的極樂世界是無量的光明、無量的壽命，所以在極樂世界的眾生，壽命可以不斷地延續，讓眾生在未成佛前可以不斷地修行。在極樂世界修行可以得到一貫性，也必定可以在此世界中得到成就。因此，從顯意上來講，極樂世界與我們這個世間相較之下，極樂世界眾生、土地的壽量，實在是我們所無法想像的。

由密意上來講，「無量壽」，非關整個外境上多長、多久的壽命，而是在極樂世界裡面，一切眾生必然終將成佛、圓滿佛果，而成佛圓滿之後，即是安住在常寂光、即是永遠住於涅槃寂靜的無量壽境界。

阿彌陀佛

而阿彌陀佛與此娑婆世界的眾生極為有緣，能護佑我們，成就無量壽的境界。

在佛經中常提及某位佛陀壽命若干劫，這種有時間長短的說明，就是顯意地說法。而就密意上來說，佛壽並無時間長短可言，是涅槃，即是常寂光，常寂光能放光、能出應，因為有因有緣，所以亦可說為無間無量壽。

在藏傳佛教中，阿彌陀佛為「長壽三尊」之一，能增長眾生的壽命及福德智慧，避免非時而死。

⊙阿彌陀佛的本生

依據《無量壽經》所記載，過去久遠劫前，有一位世自在王佛（Lokesvara-rāja 樓夷亘羅）出世說法，當時有一位轉輪聖王發心出家，名為法藏（或譯「法積」，Dharmakara 曇無迦）比丘。法藏比丘在世自在王佛前，發起無上道心，以四十八大願，誓願建立集法界淨土所有莊嚴於此土的極樂世界，修習菩薩道而成佛。其根本願力是希望在十方佛土中，極樂淨土是其中最殊勝、最微妙，在十方無量數的諸佛國土中，最為第一。

阿彌陀佛

法藏比丘發願成就最勝妙的佛土。因此，世自在王佛爲他說了二百一十億個佛土。法藏比丘就以這些佛土爲資料，選擇這些佛土的勝妙處，構築了自己淨土的藍圖。法藏比丘發此勝願，修學六波羅蜜，終於圓滿成佛，稱爲阿彌陀佛。

阿彌陀佛成佛以來，已經十劫。其國土爲七寶所成，沒有山、海、江、河，純一平坦。亦沒有三惡道、鬼神之類的眾生皆是菩薩、羅漢，壽命無量，其飲食亦是自然化現。往生阿彌陀佛國者，在寶池的蓮花中化生；面貌端嚴無比。極樂世界有無邊莊嚴，無量的法喜，都是彌陀願力之所成就。

阿彌陀佛悲願廣大，慈心深切；而其念佛法門，又簡單易行；因此，在信仰大乘的國家中，信仰之人極眾。中國古時有「家家阿彌陀、戶戶觀世音」的說法，正是彌陀信仰普遍流傳的寫照。

在中國佛教寺院的大雄寶殿中，時常供奉代表東、西、中三方不同世界的三尊佛像，即所謂的「橫三世」，或稱爲「三方佛」。這時的阿彌陀佛，被安置於釋迦牟尼佛的右邊，結跏趺坐於蓮台上，雙手結定印，仰掌疊置於足上，掌中托有一座蓮台，表示接引眾生往生西方，蓮花化生之意。

⊙阿彌陀佛的形像

在《觀無量壽經》中的十六觀法中，主要是觀想阿彌陀佛與極樂世界，經文中描寫阿彌陀佛的身相說：「無量壽佛身，如百千萬億夜摩天閻浮檀金色，佛身高六十萬億那由他恆河沙由旬，眉間白毫，右旋宛轉，如五須彌山，佛眼如四大海水，青白分明，身諸毛孔，演出光明，如須彌山。彼佛圓光，如百億三千大千世界。於圓光中，有百億那由他恆河沙化佛，一一化佛亦有眾多無數化菩薩，以爲侍者。

無量壽佛有八萬四千相，一一相中，各有八萬四千隨形好，一一好中，復有八萬四千光明，一一光明，遍照十方世界念佛眾生，攝取不捨，其光相好，及與化佛，不可具說。」

這是說明觀想無量壽佛形相的內容，此中有阿彌陀佛的身高、白毫相、佛眼、毛孔，尤其是從中放出的光明不可思議，而且阿彌陀佛亦具有一一化佛、化菩薩，以及八萬四千種相。

在世間的形象上，阿彌陀佛常是金剛結跏端身正坐，手結定印，即左手仰掌當於臍上，右手仰掌重疊於左手上，兩手之大拇指頭稍微相對貼合。此印也為阿彌陀如來印，能使狂亂的一切妄念止息，令心住於一境，入於三昧之樂，是第一最勝的印相。

在《白寶口抄》中，提到阿彌陀佛的「療病印」：彌陀療病法印：仰左手四指仍屈，即以右手覆左手，右手四指亦屈，與左手急相鈎令二棒節各拄掌心，其二大指各直怒之狀降伏一切諸惡鬼神，病即愈。

阿彌陀佛除了坐像之外，也有立像作接引印的阿彌陀佛。常與右邊觀音菩薩，左邊勢至菩薩，形成西方三聖的造像。

在真言密教中，以阿彌陀佛代表大日如來法身的妙觀察智，轉六識成佛智。在金剛界曼荼羅中，稱為受用智慧身阿彌陀如來，畫在西方月輪的中央，其身作黃色或金色。彌陀結定（即三摩地）印。其前方安置有金剛法菩薩（觀音）、右方置金剛利菩薩（文殊）、左方置金剛因菩薩（彌勒）、後方置金剛語菩薩（維摩）。

在胎藏界曼荼羅中，稱之爲無量壽如來，安設在中台八葉的西方。其身普通是白黃色，但儀軌說是真金色。目略閉，著輕衣，在寶蓮上結跏趺坐，結彌陀定印。

◉彌陀三尊

阿彌陀佛的菩薩眷屬，最普遍常見的即觀音與大勢至兩位大士，他們追隨阿彌陀佛，在極樂世界教化眾生，也在娑婆世界中，大悲救度一切眾生，並且輔翼彌陀，讓眾生能清淨發願往生極樂淨土，在臨命終時，他們亦會前來接引淨土行人。

阿彌陀佛及其脇侍觀世音及大勢至，一般稱之爲阿彌陀佛三尊。如在《觀無量壽經》中所說：「無量壽佛住立空中，觀世音、大勢至是二大士侍立左右，光明熾盛不可具見，百千閻浮檀金色不得爲比。」

關於二脇侍的形像，觀音菩薩的寶冠中有化佛，大勢至菩薩的寶冠中有寶瓶。自古以來，一般是作觀音菩薩兩手持蓮台，而大勢至菩薩雙手合掌。

⊙阿彌陀如來的種子字、真言

種子字：𑖀𑖽（aṃ）或𑖭𑖽（saṃ）或𑖮𑖿𑖨𑖱𑖾（hrīḥ）

【真言】

阿彌陀如來根本陀羅尼（又名十甘露咒）

曩謨① 囉怛曩怛羅夜耶② 娜莫③ 阿哩野④ 弭哆婆耶⑤ 怛他蘖多耶⑥ 囉曷帝⑦ 三藐三勃陀耶⑧ 他儞也他⑨ 唵⑩ 阿密嘌帝⑪ 阿密慄納婆吠⑫ 阿密嘌多三婆吠⑬ 阿密嘌多蘖吠⑭ 阿密嘌多悉帝⑮ 阿密嘌多帝際⑯ 阿密嘌多尾訖磷帝⑰ 阿密嘌多尾訖磷多誐弭寧⑱ 阿密嘌多誐誐曩吉迦隸⑲ 阿密嘌多嫩努枇娑嚩隸⑳ 薩縛羅陀薩陀寧㉑ 薩縛羯磨㉒ 訖禮捨㉓ 乞灑孕迦隸㉔ 莎訶㉕

namo① ratna-trayāyu② namaḥ③ Ārya④ mitābhāya⑤ tathāgatāya⑥
arhate⑦ samyaksaṁ⑧ buddhāya tad-tathā⑨ oṁ⑩ amṛte⑪ amṛtōdbhave⑫
amṛta-saṁbhave⑬ amṛta-garbhe⑭ amṛta-siddhe⑮ amṛta-teje⑯ amṛta-vikrā
nte⑰ amṛta-vikrānta-gāmine⑱ amṛta-gagana-kirtikare⑲ amṛta-duṁ
dubhi-svare⑳ sarvārtha-sādhane㉑ sarva-karma㉒ kleśa㉓ kṣayaṁ-kare㉔
svāhā㉕

歸命① 三寶② 敬禮③ 聖④ 無量光⑤ 如來⑥ 應供⑦ 正等覺⑧ 所謂⑨
唵（三身具足之義）⑩ 甘露⑪ 甘露發生⑫ 甘露生⑬ 甘露藏⑭ 甘露成就⑮
甘露威光⑯ 甘露神變⑰ 甘露騰躍⑱ 甘露等虛空作⑲ 甘露好音⑳ 一切義利成
就㉑ 一切業㉒ 煩惱㉓ 盡滅㉔ 成就㉕

往生咒

南無①阿彌多婆夜②哆他伽哆夜③哆地夜他④阿彌利都婆毗⑤阿彌利哆 悉耽婆毗⑥阿彌利哆 毗迦蘭諦⑦阿彌利哆 毗迦蘭哆⑧伽彌膩⑨伽伽那 枳多 迦隸⑩莎婆訶⑪

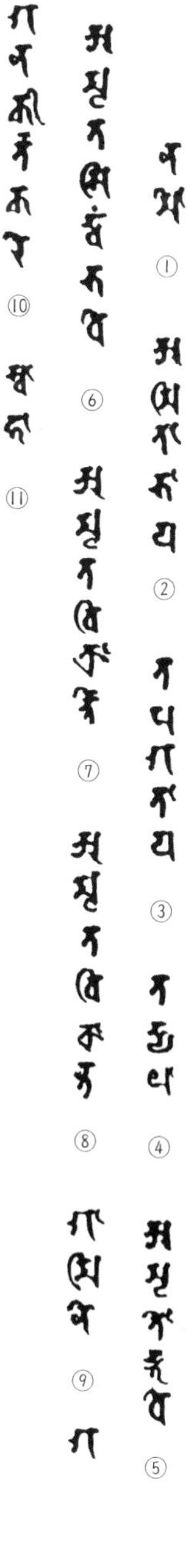

namo① amitābhāya② tathāgatāya③ tadyathā④ amṛtodbhave⑤ amṛta-siddhambhava⑥ amṛta-vikrānte⑦ amṛta-vikrānta⑧ gāmine⑨ gaganakirta-kare⑩ svāhā⑪

歸命① 無量光（阿彌陀）② 如來③ 即說咒曰④ 甘露所生者⑤ 甘露成就所生者⑥ 具甘露神力者⑦ 甘露神力者⑧ 前進（或到達）⑨ 願名滿天下⑩ 成就⑪

小咒

唵① 阿彌利陀② 底勢③ 可羅④ 吽⑤

oṁ① amrita② teje③ hara④ hūṁ⑤

歸命① 甘露（不滅）② 威光③ 運用④ 能生⑤

藥師如來

藥師如來以世、出世間二種妙藥，滅除眾生身心諸病，故名藥師。古來常為消災延壽而修藥師法。

【特德】

藥師如來（梵名 Bhaisajya-guru Vaidurya-prabharajah），全名爲藥師琉璃光王如來，通稱爲藥師琉璃光如來，簡稱藥師佛。依《藥師如來本願經》所説，東方過娑婆世界十恆河沙佛土之外，有佛土名爲淨琉璃，其佛號爲藥師琉璃光

藥師如來

如來。

藥師琉璃光如來的名號來源，是以能拔除生死之病而名為藥師，能照度三有之黑闇故名琉璃光。現在為東方琉璃世界的教主，領導著日光遍照與月光遍照二大菩薩及十二神將等眷屬，化導眾生。

《藥師經疏》云，拔除生死之病故名藥師；照度三有之闇，稱瑠璃光；乘如實道來成正覺，故名如來也。又說，藥師者，是譬名如藥師隨病設藥，能令除滅一切病痛，此佛亦爾，以世、出世二種妙藥，滅除眾生身心病，故言藥師。或云，以出世法藥，治煩惱業病。

藥師如來的本願，是療治一切眾生的身心之病，而琉璃光是他本願所展現的特殊造型，因為他要拔除一切眾生的生死苦惱、重病，所以名為藥師。因為藥師如來有如此清淨的本願，所以他在身相上所顯現出來的身，是完全透明無礙的琉璃光，他的淨土世界也是如此，故名藥師琉璃光。

藥師如來不僅醫治我們身體上的病痛，也醫治我們的智慧、悲心具不圓滿的心靈。因為眾生一開始，無法感受他深刻的願力，所以他先醫治好眾生的病痛，

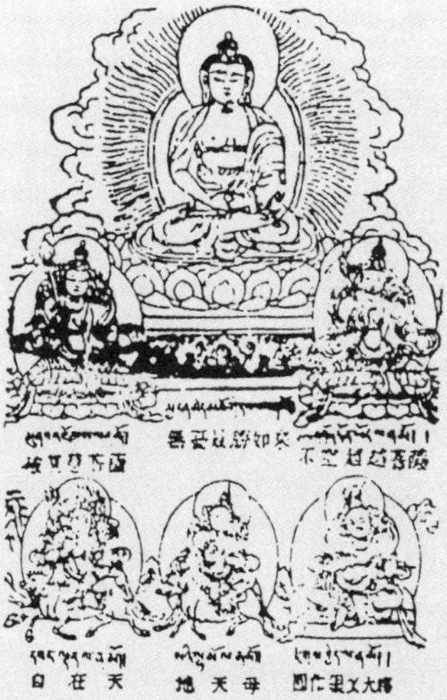

無憂最勝吉祥如來

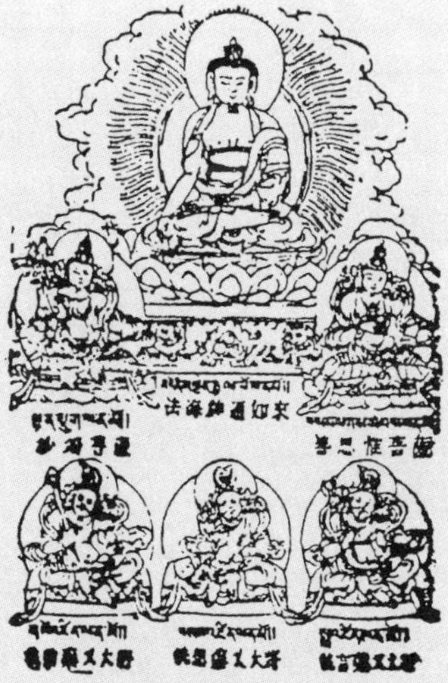

法海慧遊戲神通如來

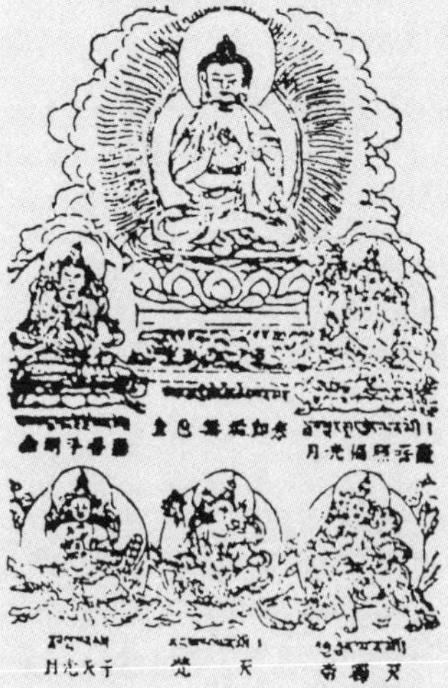

金色寶光妙行成就如來

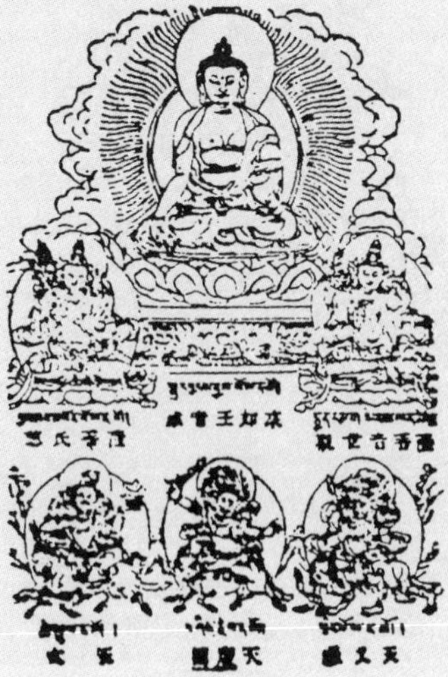

寶月智嚴音自在王如來

七佛藥師

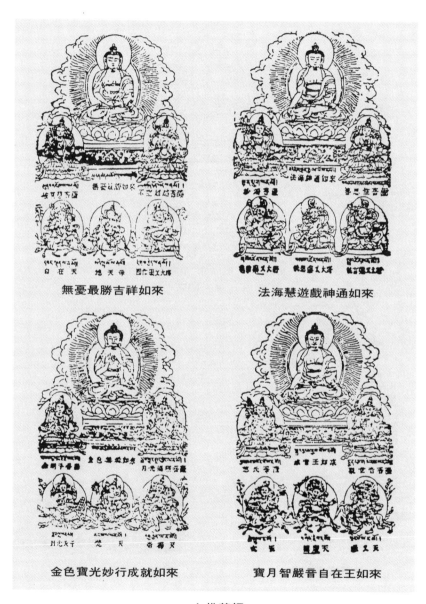

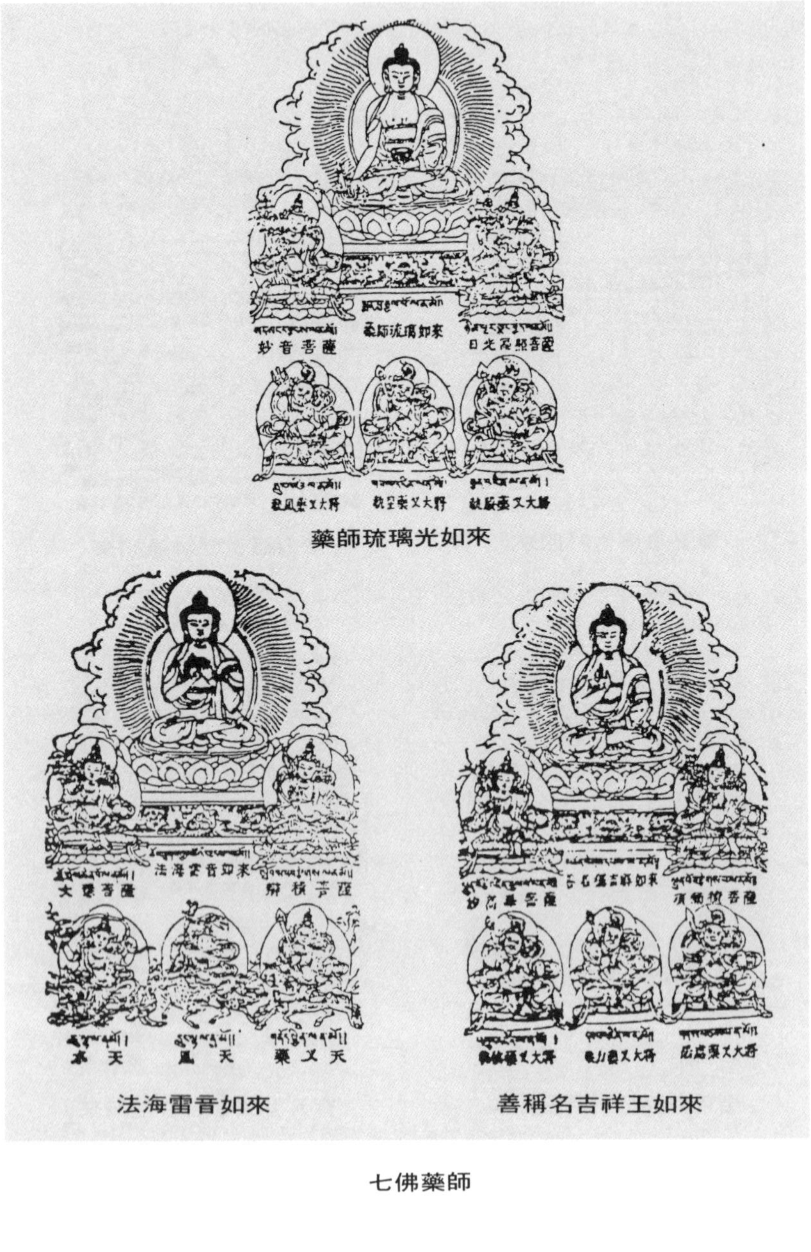
藥師琉璃光如來
法海雷音如來
善稱名吉祥王如來

七佛藥師

再醫治眾生的心。

藥師佛在經典裡有兩個系統，一個是藥師佛，另一個是七佛藥師。這七佛有兩種說法，一種說法是以爲他們是各自一體的，各有各的願；另一種說法認爲，他們是藥師如來所化現的。這七佛分別是：

1.善稱名吉祥王如來。2.寶月智嚴音自在王如來。3.金色寶光妙行成就如來。4.無憂最勝吉祥如來。5.法海雷音如來。6.法海慧遊戲神通如來。7.藥師琉璃光如來。

不論是藥師佛或藥師七佛，皆以拔除眾生生死病苦，乃至圓證成佛如藥師佛一般無異爲本誓。

根據經中說，藥師佛成證菩提時，因觀眾生種種病苦，爲慈憫眾生的緣故而宣說藥師咒來利益眾生：「藥師琉璃光如來得菩提時，由本願力觀諸有情，遇眾病苦，瘦瘧、乾消、黃熱等病，或被厭魅蠱道所中，或復短命或非時橫死，欲令是等病苦消除所求願滿，時彼世尊入三摩地，名曰：『滅除一切眾生苦惱』。既入定已，於肉髻中出大光明，光中演說大陀羅尼咒曰：

南謨薄伽伐帝　鞞殺社寠嚕　薜琉璃鉢喇婆　曷囉闍也　呾他揭多也　阿囉喝帝　三藐三勃陀也　呾姪他唵　鞞殺逝鞞殺逝　鞞殺社三沒揭帝　莎訶

「爾時，光中說此咒已，大地震動放大光明，一切眾生病苦皆除受安隱樂。曼殊室利！若見男子、女人有病苦者，應當一心為彼病人清淨澡漱，或食、或藥，或無蟲水咒一百八遍與彼服食，所有病苦悉皆消滅。若有所求，指心念誦，皆得如意無病延年，命終之後生彼世界，得不退轉乃至菩提。是故，曼殊室利！若有男子、女人於彼藥師琉璃光如來至心慇重、恭敬供養者，常持此咒勿令廢忘。」

由於誦持藥師經、咒名號或如法修持藥師法門，所獲得之種種功德利益，在經軌中，皆有詳細的記載。

在《藥師琉璃光如來本願功德經》中說：若此經寶流行之處，有能受持，以彼世尊藥師琉璃光如來本願功德，及聞名號，當知是處無復橫死，亦復不為諸惡鬼神奪其精氣；設已奪者還得如故，身心安樂。

《藥師琉璃光王七佛本願功德經念誦儀軌》中說：「若有善男子善女人，以

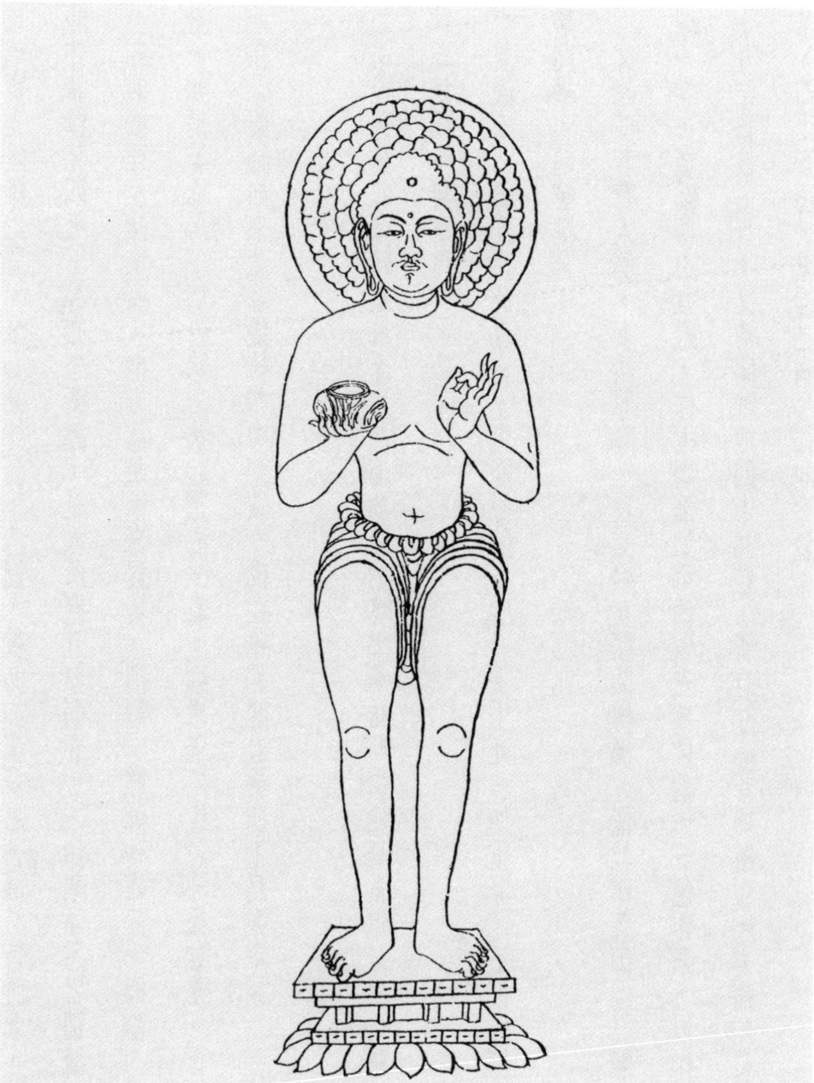

藥師佛

此琉璃寶光陀羅尼咒，至心誦持滿千八遍，彼諸如來及諸菩薩心皆護念，執金剛菩薩并諸釋梵四天王等亦來衛護，是人所有五無間罪，一切業障悉皆消滅無病延壽，亦無橫死及諸疾疫，他方盜賊欲來侵境，鬥諍、戰陣、言訟、讎隙、饑歉、旱澇，如是等怖，一切皆除，共起慈心，有所願求無不遂意亦復如是。

在《藥師如來念誦儀軌》中記載：佛在維那離音樂樹下爲大眾說：「結願神咒」：

南謨薄伽筏帝鞞殺社窶嚕薜瑠璃鉢喇婆喝囉賭耶怛他揭多怛姪他唵鞞殺逝鞞殺社三沒揭帝娑婆呵

並說：「若受持此真言，則能拔除身中過去生死一切重罪，不復經歷三塗，免離九橫，超越眾苦。」

又說：若有人等，多諸罪障，及諸婦女願欲轉禍，依教作藥師像一軀，寫藥師經一卷，造幡四十九燈，作七層形如車輪，安置像前，五色作索，以印柱之，四十九結繫彼人身，又轉藥師經四十九卷，所有罪障皆得解脫，壽命延長，不遇橫苦，即得安穩，鬼神之病，并即除愈。

若人患心病者，加持青木香，塗心除愈。若人患頭病者，加持桂皮二十遍，服之除愈。若人患腫黃者，加持鬱金香一百八遍，塗除愈。若人欲遠去怨家，加持苦練子一百八遍，一咒一燒投火中燒，其人即遠去。若患身體支節痛，咒湯水一百八遍，洗浴即得除愈。若人每日早朝，以水一掬咒七遍飲之，在身所有惡報悉得消滅，何況無諸災厄者！及諸三業苦亦得除愈，并得壽命長遠。

由此可知，如法修持藥師經法，有不可思議的功德，依藥師佛本願中之：

第六大願：願我來世得菩提時，若諸有情其身下劣、諸根不具、醜陋、頑愚、盲聾、瘖瘂、攣躄、背僂、白癩、癲狂種種病苦；聞我名已，一切皆得端正黠慧，諸根完具，無諸疾苦。

第七大願：願我來世得菩提時，若諸有情眾病逼切，無救、無歸、無醫、無藥、無親、無家，貧窮多苦；我之名號一經其耳，眾病悉得除，身心安樂，家屬資具悉皆豐足，乃至證得無上菩提。

皆可如願除諸病苦、身心安樂益壽延命。

此外，藥師佛的三昧耶形與印相亦皆與其本誓除眾生一切病苦有關。藥師佛

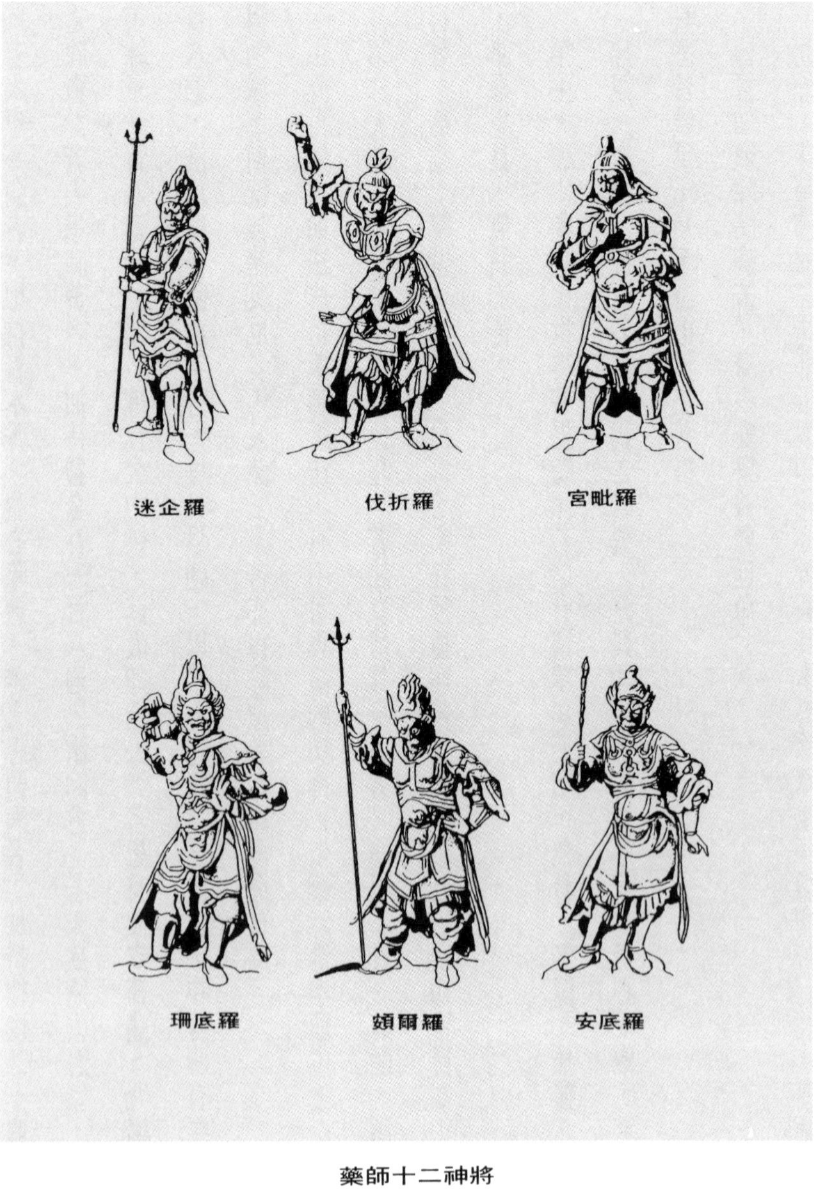

藥師十二神將

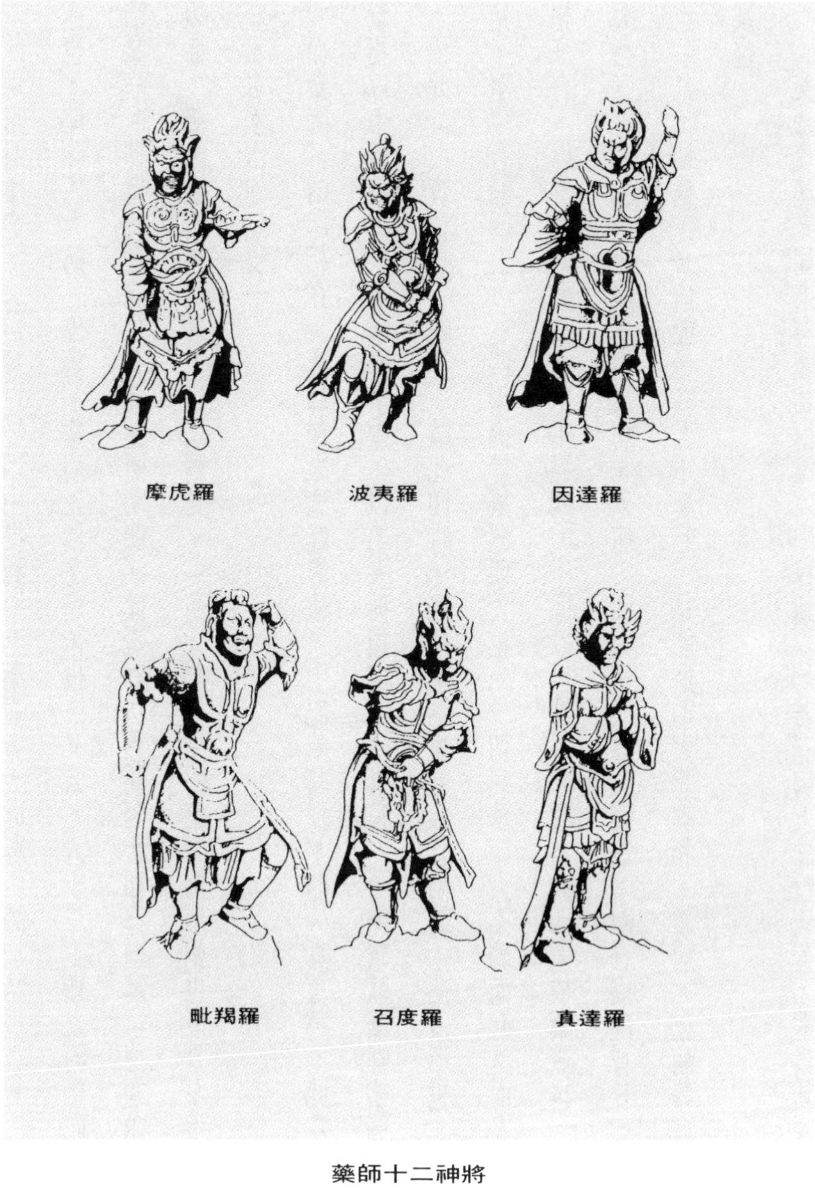

藥師十二神將

的三昧耶形爲藥壺，《白寶口抄》中提到：「藥壺者，此尊內證加持理智教三藥之壺也，能除四大病、鬼病、業病三種之病苦也。又云，入十二上願之阿伽陀藥，治諸病。即眾病悉除願有此藥壺功能。此壺以法界爲體，如釋迦鉢。德迦噉食諸煩惱，藥師療治諸病患，以之爲異。」而我們常見的藥師佛形相也多是左手持藥壺，右手作施無畏。

而藥師佛的印相在《藥師如來念誦儀軌》中記載其根本印、真言爲：此左右手食指以下八指，八叉入於掌中，以二大拇指來去。真言：「唵戰馱祇哩娑婆呵」。依此《白寶口抄》詮釋：結此印時，可觀藥壺也。八指內縛，藥壺形也。左四指，眾生有漏四大，右四指佛界無漏四大也。一切病依四大不調而起。而左右四指叉合，以佛界四大冥會眾生界四大，即以生佛不二調，和四大成藥壺也。以二大指三度來去，表將眾生業病、鬼病、四大病等召入藥壺，即合成理智教三藥義也。凡一切病，必依能造四大不調起，是能造四大能調和，業病、鬼病等自然除滅也。

《藥師琉璃光如來本願功德經》中提到：「若有病人欲脫病苦，當爲其人七日七夜受持八分齋戒；應以飲食及餘資具，隨力所辦供養苾芻僧；晝夜六時，禮拜供養彼世尊藥師琉璃光如來，讀誦此經四十九遍；然四十九燈，造彼如來形像七軀，一一像前各置七燈，一一燈量大如車輪，乃至四十九日光明不絕；造五色綵幡，長四十九傑手；應放雜類眾生至四十九，可得過度危厄之難，不爲諸橫惡鬼所持。」

又說，「若有眾生爲病所苦及餘厄難，亦應造立五色神咒，然燈續明放諸生命，散雜色華燒眾名香，病得除愈眾難解脫。」這也就是一般所謂的五色續名燈幡，依法修之，得癒病除疫、延命增壽。

《三寶感應要略錄》卷上中有記載造藥師像而延壽的故事，昔天竺，有婆羅門富貴而無子息，好不容易其婦有了身孕，九月滿足，生一男子，色貌端正，眾人愛敬。當時有一善占相者，見到此子的相貌就說：「此兒有眾相，未足繼家業，餘壽二年。」父母聞之，心生憂惱，如中毒箭般痛苦。幸而此婆羅門有一親友，出家爲沙門，知道此事之後，就教導婆羅門說：「汝依七佛法造藥師如來形像，如法供養。」

婆羅門便依言以白初齋日如法式供養。爾後，於夜夢有一異服赤冠冥道，乘青馬，捧札前來告訴他：「汝依七佛法造像供養，更得子五十年壽。」後來結果的確如夢中神人所示，其子增壽五十年。

藥師佛的形像，在《白寶口抄》中舉：〈十種行法記〉云，藥師瑠璃光如來，身相金色，結跏趺坐，左手令持藥壺，右手令作施無畏印。項背有圓光，無量相好具足圓滿。另或有作右掌向外，左尚仰前，左足押右，半跏坐。《十卷抄》則說：世流布像有二種，一者揚右手垂左手，是東寺金堂并南京藥師寺像也，二香左手持藥壺，以右手作施無畏，或右手曲水指，或火空相捻。

又云：或左手持鉢，其鉢十二角，右手作施無畏。又說，另有岩本作持鉢錫杖像。

此外，根據經中記載，誓願護持藥師經法的十二藥叉大將與諸眷屬，亦有五色縷結的法傳世，依經所載，此十二藥叉於前發願：「我等今者蒙佛威力得聞七佛如來名號，於諸惡趣無復怖畏，我等相率皆同一心，乃至盡形歸佛、法、僧，誓當荷負一切有情，爲作義利饒益安樂。隨於何處城邑、聚落、空閑林中，若有此經流布讀誦，或復受持七佛名號恭敬供養者，我等眷屬衛護是人令脫眾離，所有願求悉令滿足；或有疾厄求度脫者，亦應讀誦此經，以五色縷結我名字，得如願已然後解結。」

因此，若有眾生，如法修持藥師經法，也會獲得十二神將的守護。

⊙藥師如來的種子字、真言

種子字：（bhai）

【真言】

藥師如來大咒（滅除一切眾生苦惱咒）

曩謨① 婆誐縛帝② 佩殺紫野③ 虞嚕④ 吠咗哩也⑤ 鉢羅婆⑥ 羅惹野⑦ 怛他蘖多野⑧ 羅喝帝⑨ 三藐三沒馱野⑩ 怛儞也多⑪ 唵⑫ 佩殺爾曳佩殺爾曳⑬ 佩殺紫野三摩弩蘖帝⑭ 娑縛賀⑮

⑬ ⑭ ⑮

namo① bhagavate② bhaisaiya③ guru④ vaidūrya⑤ pradhā⑥ rā
jāya⑦ tathāgatāya⑧ arhate⑨ samyaksambodhāya⑩ tadyathā⑪ oṁ⑫
bhaiṣajye-bhaiṣajye⑬ bhaiṣajyasamudgate⑭ svāhā⑮

歸命② 世尊③ 藥④ 師⑤ 瑠璃⑥ 光⑦ 王⑧ 如來⑨ 應供⑨ 正遍智⑩
所謂⑪ 供養⑫ 藥藥⑬ 藥發生⑭ 成就⑮

小咒（同無能勝明王眞言）

那莫① 三滿多母馱南② 唵③ 戶嚕戶嚕④ 戰拏哩⑤ 摩蹬擬⑥ 娑嚩賀⑦

① ② ③ ④ ⑤ ⑥
⑦

namaḥ① samanta-buddhānāṁ② oṁ③ huru huru④ caṇḍari⑤ matangi⑥
svāhā⑦

歸命① 普遍諸佛② 歸命③ 速疾速疾④ 暴惡相⑤ 象王（降伏之相）⑥

長壽佛

長壽佛能增長眾生的壽命及福德智慧，修其法能避免非時橫死、滅罪延壽、無死成就。在藏傳佛教中為「長壽三尊」之一。

【特德】

長壽佛又名無量壽佛（梵語阿彌陀由須），是法身阿彌陀佛以報身佛顯現的另一種形相。無量之意乃不可計數，廣大無邊也。於密教爲五方佛中之西方主尊，在胎藏界名「無量壽」，於金剛界名「阿彌陀」。代表大日如來的方便智，亦即妙觀察智，其智性不生不滅，內照諸法實相，外照眾生根基，其德是無量邊，利益一切眾生。《大日經疏》中說：「眾生界乃無盡止，諸佛的大悲方便亦無盡止，故名大無量壽。」

藏傳佛教對無量壽佛的崇仰十分普遍，通常是和白度母、尊勝佛母一起被供奉，稱爲「長壽三尊」，在唐卡中其四周多繪有息、增、懷、誅四種事業空行圍繞，以勾召五大精華、壽命、福智等。

長壽佛的尊形爲，一頭二臂，身紅色，盤髮成髻，戴五佛寶冠，著天衣、綢裙，身佩珍寶瓔珞，具足一切報身佛的種種莊嚴，雙手於膝上結定印，手上有長壽寶瓶，寶瓶中或置一朵吉祥花，兩足以金剛雙跏趺安住於蓮花月輪上。

持誦長壽佛咒語，能增長壽命及福德智慧，避免非時而死及夭折、意外身亡，消除無始劫來一切罪業，證無死成就，亦往生西方極樂淨土。

⊙長壽佛的真言

唵　阿瑪喇尼　吉願帝也　梭哈

།ཨོཾ་ཨ་མཱ་ར་ཎི་ཛཱི་ཝནྟི་ཡེ་སྭཱ་ཧཱ།

佛頂尊勝佛母

佛頂尊勝佛母為「長壽三尊」之一，修尊勝母法門，能除凶災，消罪業、長福慧、增壽命。

【特德】

佛頂尊勝佛母（梵名Vijaya），密號除魔金剛。又稱爲頂髻勝佛母、尊勝佛母，簡稱爲尊勝母。爲「長壽三尊」之一，多供在無量壽佛右邊，左邊爲白度母，三尊象徵福壽吉祥。

藏密中認爲，頂髻尊勝佛母是無量壽佛的變化身，此外，也有視之爲大如來的化身。修尊勝母法門，能增壽命，長福慧，消罪業，除兇災。

佛頂，是指如來之無見頂相，乃常人所無法了知的殊勝相，具足最上最勝之功德。在一切佛頂中，尊勝佛頂能去除一切煩惱業障，破壞一切穢惡道之苦。八佛頂以尊勝佛頂爲總體故。此外，此尊尚能使五穀豐熟，增長眾生之財寶、福德

佛頂尊勝佛母

。而誦持其咒「佛頂尊勝陀羅尼」更能得到罪障消除，增長壽命的功德利益。

佛頂尊勝陀羅尼（梵語 uṣṇīṣa-vijaya-dhāraṇī），全稱淨除一切惡道佛頂尊勝陀羅尼，又稱爲尊勝陀羅尼、清淨諸趣佛頂、最勝陀羅尼、一切如來烏瑟膩沙最勝總持、延壽陀羅尼、善吉祥陀羅尼等。是爲顯明尊勝佛頂尊內證功德之陀羅尼。

依據佛陀波利所譯《佛頂尊勝陀羅尼經》的記載，此陀羅尼乃是佛陀爲了救拔善住天子將受七度畜生惡道身之業而宣說。能滅除一切罪業等障，破除一切穢惡道之苦。凡是能受持、書寫、供養、讀誦此陀羅尼者，或安置於窣都婆、高幢、樓閣等供養，皆可得淨一切惡道、消除罪障、增長壽命、往生極樂的種種殊勝功德。

關於佛陀宣說佛頂尊勝陀羅尼的因緣，據經中所載爲：有一天，佛陀在舍衛國祇樹給孤獨園，爲大眾說法。這時，三十三天善法堂中，有一天子名爲善住，處於廣大寶宮之中，縱情歡樂，十分歡暢。

可是到了夜裏，空中忽然有聲音呼喚：「善住，再七天就是你的大限之日，你從天上死後，會七次投生於閻浮是，後又入於地獄，然再生爲人，不但貧窮而且天生眼盲，受一切苦惱。」

善住聽了之後，十分恐怖驚惶，憂愁不已，便急忙來到釋提桓因天帝的處所，請求天帝設法救他。

釋提桓因聽了善住的話，就以天眼觀察他死後七生。他看見善住，從天上命終之後，便受豬身，死後又受狗身，接著又受狐身、猴身、毒蛇身、鷲身、烏鴉身。如是七生，恆食穢惡。釋提桓因預見這些事，爲善住將受大苦深感悲憫，深知唯有如來能救善住。

因此，帝釋立即來到祇園佛陀聖尊之所，向佛陀稟告善住的事，祈求如來加持。

這時如來即從頂上放出大光明，光中有五色虹光，光明流照十方一切眾生界，再還至佛所，右繞三匝從佛口入。隨後佛陀就微笑告訴釋提桓因：「有佛灌頂清淨諸趣佛頂尊勝陀羅尼，能淨除一切業障，地獄、畜生、閻摩盧迦生死苦惱，破地獄道，升於佛路。天帝！這清淨諸趣佛頂尊勝陀羅尼，若有聽聞此陀羅尼者，能除一切生死相續的業障及種種苦患。當獲善果，證得宿命智。」

因爲善住的因緣，佛陀宣說佛頂尊勝陀羅尼，而善住天子在受持此陀羅尼六日六夜後，也依此福報，滅除了無始罪障，得以增延壽命，住菩提道。

而佛陀也宣說此陀羅尼種種不可思議功德，佛陀說：「此咒名淨除一切惡道佛頂尊勝陀羅尼，能除一切罪業等障，能破一切穢惡道苦。天帝！此大陀羅尼，八十八殑伽沙俱胝百千諸佛同共宣說，隨喜受持，大日如來智印印之，爲破一切眾生穢惡道苦故，爲一切地獄畜生閻羅王界眾生得解脫故，臨急苦難墮生死海中眾生得解脫故，短命薄福無救護眾生、樂造雜染惡業眾生得饒益故。又此陀羅尼於贍部洲住持力故，能令地獄惡道眾生，種種流轉生死薄福眾生，不信善惡業失正道眾生等，得解脫義故。」

又應四天王廣說持陀羅尼法：「汝今諦聽，我當爲汝宣說受持此陀羅尼法，亦爲短命諸眾生說。當先洗浴著新淨衣，白月圓滿十五日時，持齋誦此陀羅尼滿其千遍，令短命眾生還得增壽，永離病苦，一切業障悉皆消滅，一切地獄諸苦亦得解脫。諸飛鳥畜生含靈之類，聞此陀羅尼一經於耳，盡此一身更不復受。」

又說：「若人遇大惡病，聞此陀羅尼，即得永離一切諸病，亦得消滅；應墮惡道，亦得除斷，即得往生寂靜世界。從此身已後，更不受胞胎之身，所生之處蓮華化生，一切生處憶持不忘，常識宿命。」

又說：「若人能日日誦此陀羅尼二十一遍，應消一切世間廣大供養，捨身往生極樂世界，若常誦念得大涅槃，復增壽命受勝快樂。」

另依《尊勝佛頂修瑜伽法軌儀》中所載，尊勝第一法也說，若人欲得壽命長遠，不墮地獄、餓鬼、畜生、阿修羅道及滅諸罪者，每時至心誦此陀羅尼二十一遍，起大慈悲，憐愍一切眾生，即得四惡趣罪業消滅。

《佛頂尊勝陀羅尼別法》中第二十一法則說，若有國土災禍至，當以雜物作一百八箇浮圖相輪，又打葉各書十本，於一一相輪置上頭函內盛之，即得災禍消盡福祚延命。

尊勝陀羅尼共有八十七句，依其長短分別被稱爲大咒、中咒、小咒。受持、書寫、供養、讀誦此陀羅尼，或是安置於塔、高幢、樓閣等，可得淨一切惡道，消除罪障、增長壽命、往生極樂世界之功德。密宗修行者或朝夕讀誦，或爲亡者迴向時誦之；而禪門在課誦時，也常念誦此咒。在中國、日本，修持此陀羅尼者甚多，而且非常靈驗。

◎佛頂尊勝佛母的形象

佛頂尊勝佛母，有稱其爲頂髻尊勝佛母，又簡稱爲尊勝母。其形像有三面八臂，面上各具三眼，中面白色，嫵媚寂靜貌，右面金黃色笑容愉悅狀，左面爲似烏巴拉花之藍色，露牙現兇忿相，身如秋月皎白無瑕，面貌如妙齡少女。

右第一手持四色十字金剛羯磨杵於胸前，二手托蓮座上有阿彌陀佛（亦或爲大日如來），三手持箭，四手施願印置於右腿前；左第一手忿怒拳印持羂索，二手上揚作施無畏印，三手執弓，四手定印托甘露寶瓶。佛母身有花蔓、天衣、寶冠、瓔珞等莊嚴，安坐於蓮花月輪上。

此外，尚有一面四臂像，然在藏寺裡並不多見。

佛母中面白色表示平息災障，右面黃色表諸法增益及延壽，左面藍色表降伏之法。手托大日如來爲其上師，表懷愛。箭代表勾召眾生的悲心，施無畏印代表使眾生遠離一切怖畏，施願印表示滿足一切眾生的心願，弓者勝三界，定印托甘露瓶，表示使眾生得以長壽無病，十字金剛杵表降魔降災事業成就，羂索代表降伏一切難調伏之眾生。

根據儀軌所述，尊勝佛母以白色蓮花手觀音及藍色寂靜金剛手菩薩爲左右脇侍，四大明王爲護法，東方不動明王，右手執寶劍。南方愛染明王，右手執鐵鉤。西方持棒明王，右手執藍棒。北方大力明王，右手執杵。四明王皆身藍色，左手都作忿怒拳印當胸，髮眉鬚如火燃狀，大牙怒咬。皆以虎皮爲裙，蛇飾爲瓔珞，雙足右屈左伸，力士姿威立。

持誦尊勝佛母陀羅尼者能滅一切重罪，得眾人愛敬，命終之後生於極樂國，並得大涅槃，也能增長壽命，受殊勝快樂，從此地往生之後，即得往生種種微妙諸佛剎土。

⊙佛頂尊勝佛母的真言

心眞言

唵阿密嘌都妬婆鞞娑婆訶

佛頂尊勝陀羅尼

曩謨① 婆誐嚩帝② 怛喇路枳也③ 鉢囉底尾始瑟吒野④ 沒馱野⑤ 婆誐縛
帝⑥ 怛儞也他⑦ 唵⑧ 尾戍馱野⑧⑨ 娑麼娑麼三滿哆嚩婆娑⑩ 娑頗囉拏⑪ 蘖
底誐賀曩⑫ 娑嚩婆縛尾秫弟⑬ 阿鼻詵左睹鈐⑭ 素蘖哆⑮ 嚩囉嚩左曩⑯ 阿蜜
嘌哆鼻曬罽⑰ 摩賀曼怛囉播乃⑱ 阿賀囉阿賀囉⑲ 阿庾散馱囉柅⑳ 戍馱野戍
馱野㉑ 誐誐曩尾秫弟㉒ 鄔瑟膩灑㉓ 尾惹野尾秫弟㉔ 娑賀娑囉囉濕銘㉕ 散咀
儞帝㉖ 薩嚩怛他蘖哆㉗ 嚩路迦𩕳㉘ 殺播囉弭哆㉙ 跛哩布囉抳㉚ 薩嚩怛他蘖
哆㉛ 紇哩娜野㉜ 地瑟姹曩地瑟耻路㉝ 摩賀母捺哩㉞ 嚩日囉迦野㉟ 僧賀路曩
尾秫弟㊱ 薩嚩嚩囉拏跛野訥蘖帝跛哩尾秫弟㊲ 鉢囉底𩕳韈韈野阿欲秫弟㊳ 三
摩野地瑟耻帝㊴ 麼柅麼柅㊵ 摩賀麼柅㊶ 怛闥哆部路句致跛哩秫弟㊷ 尾窣普
吒沒地秫弟㊸ 惹野惹野㊹ 尼惹野尼惹野㊺ 娑麼囉㊻ 薩嚩沒馱地瑟耻哆秫弟㊼

嚩日哩㊽嚩日囉蘖陛㊾嚩日囕婆嚩睹㊿麼麼舍哩囕(51)薩嚩薩怛嚩難左迦野尾秫弟(52)薩嚩誐帝跛哩秫弟(53)薩嚩怛他蘖路(54)三麼濕嚩娑覩演畔(55)薩嚩怛他蘖哆(56)三麼濕嚩娑地瑟耻帝(57)沒地野沒地野尾沒地野(58)冒馱野冒馱野尾冒馱野(59)三滿哆(60)跛哩秫弟(61)薩嚩怛他蘖哆(62)紇哩娜野地瑟姹曩地瑟恥哆(63)摩賀母捺嚟(64)娑嚩賀(65)

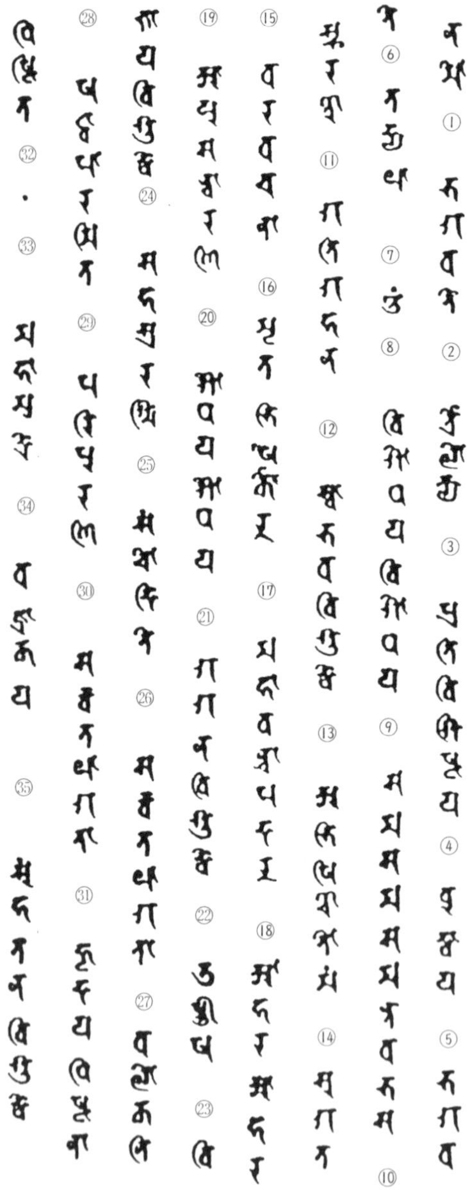

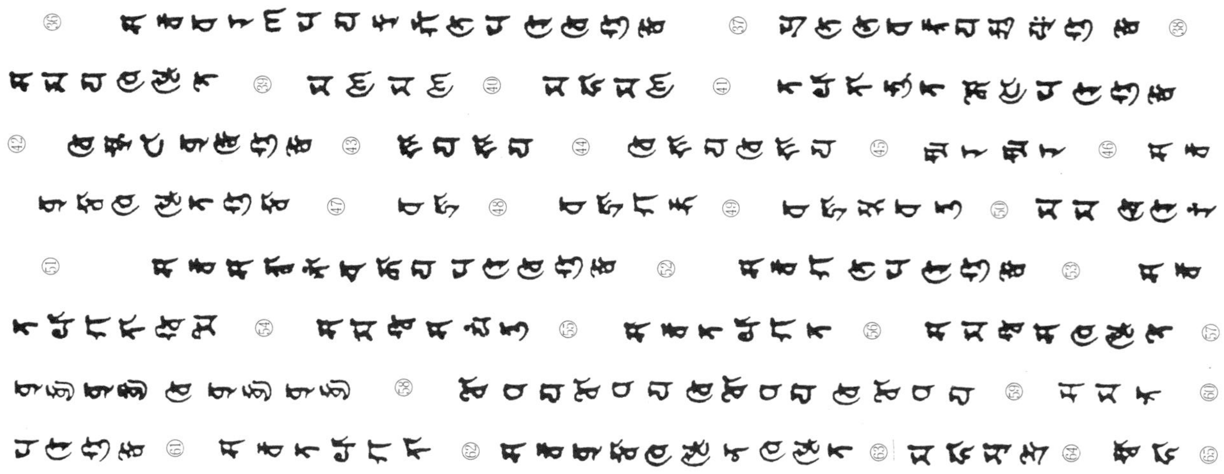

namo① bagavate② trailokya③ prativiśiṣṭāya④ buddhāya⑤ bhagavate ⑥ tad yathā⑦ oṁ⑧ viśodhaya viśodhaya⑨ samāsama samantaāvabhāsa⑩ spharaṇa⑪ gati-gahana⑫ svābhā va-visuddhe⑭ sugata⑮ vara-vacanā⑯ mṛtābhiṣekair⑰ mahā-mantra-padair⑱ āhara āhara⑲ āvuḥsaṁdhāraṇi⑳ śodhaya śodhaya㉑ gagana-viśuddhe㉒ uṣṇīṣa㉓ vijayaviśuddhe㉔ sahas-

ra-raśmi㉕ saṃcodite㉖ sarva-tathāgatā㉗ valokani㉘ ṣaṭpāramitā㉙ paripū
raṇi㉚ sarva-tathāgata㉛ hṛdayā㉜ dhiṣṭhānādhi-ṣṭhite㉝ mahā-mudre㉞
vajra-kāya㉟ saṃhātana-viśuddhe㊱ sarvāvaraṇa-bhaya-durgati-pariviśuddhe㊲
pratinivartaya āyuḥ-śuddhe㊳ samayādhiṣṭhite㊴ maṇimaṇi㊵ mahāmaṇi㊶
tathātā-bhūta-koṭi-pariśuddhe㊷ visphuṭa-buddhi-śuddhe㊸ jaya jaya㊹
vijaya vijaya㊺ smara smara㊻ sarva-buddhādhiṣṭhita-śuddhe㊼ vajri㊽
vajra-garbhe㊾ vajraṃbhavatu㊿ mama śarīraṃ(51) sarva-sattvānāṃś ca kāya-
pariviśuddhe(52) sarva-gati-pariśuddhe(53) sarva-tathāgatāś ca me(54) samāśvā
sayantu(55) sarva-tathāgata(56) samāśvāsādhiṣṭhite(57) budhaya budhaya vibud-
haya vibodhaya(58) bodhaya bodhaya vibodhaya vibodhaya(59) samanta(60)
pariśuddhe(61) sarva-tathāgata(62) hṛdayādhiṭhānādhiṣṭhita(63) mahā-mudre(64)
svāhā(65)

歸命① 世尊② 三世③ 最殊勝④ 大覺⑤ 世尊⑥ 所謂⑦ 唵（三具足、或一切法不生、或無見頂相）⑧ 清淨⑨ 普遍照燿⑩ 舒遍⑪ 六趣稠林⑫ 自然清淨⑬ 引灌頂我⑭ 善逝⑮ 殊勝教⑯ 甘露灌頂⑰ 解脫法身⑱ 唯願攝受唯願攝受（或又爲遍攘災難脫諸苦惱之義）⑲ 堅住持壽命⑳ 淨淨㉑ 如虛空清淨㉒ 佛頂㉓ 最勝清淨㉔ 千光明㉕ 驚覺㉖ 一切如來㉗ 觀察㉘ 六度㉙ 圓融㉚ 一切如來㉛ 心㉜ 神力加持㉝ 大契印㉞ 金剛鉤㉟ 鎖身清淨㊱ 一切障清淨㊲ 壽命皆得清淨㊳ 誓願加持㊴ 寶珠㊵ 大寶珠㊶ 遍淨㊷ 顯現智慧㊸ 勝利㊹ 最勝最勝㊺ 念持定慧相應㊻ 一切諸佛加持清淨㊼ 金剛㊽ 金剛藏㊾ 願成如金剛㊿ 是我之義(51) 一切有情身得清淨(52) 一切趣皆清淨(53) 一切如來(54) 皆共護持(55) 一切如來(56) 安慰令得加持(57) 所覺所覺(58) 能令覺悟能令有情速得覺悟(59) 普遍清淨(61) 一切如來(62) 神力所持(63) 大契印(64) 吉祥(65)

第二章 菩薩部

延命普賢菩薩

普賢菩薩是一切菩薩行的代表，象徵究極的大乘精神。本尊且具有延命長壽之特德，能免除一切夭折短命之怖，壽命、福德增長。

【特德】

普賢菩薩（梵名Samantabhadra），譯爲三曼多跋陀羅，又寫作三滿多跋捺羅、三曼陀颰陀、或是邲輸颰陀。義譯作遍吉，音爲具足無量行願，普示現於一切佛剎的菩薩，故佛教徒常尊稱其爲大行普賢菩薩，以彰顯其特德。

《大日經疏》卷一中提到普賢名號的意義：普是遍一切處義，賢是最妙善義。是說普賢菩薩依菩提心所起願行，及身、口、意悉皆平等，遍一切處，純一妙善，具備眾德，所以名爲普賢。

在密教是以普賢表示菩提心，認爲他與金剛手、金剛薩埵、一切義成就菩薩同體。

普賢代表一切諸佛的理德與定德，與文殊的智德、證德相對，兩者並爲釋迦牟尼佛的兩大脇侍。文殊駕獅、普賢乘象，表示理智相即、行證相應。

普賢菩薩是大乘菩薩的代表，象徵著究極的大乘精神。在《華嚴經》中明示一切佛法歸於毗盧遮那如來及文殊、普賢二大士，三者並稱「華嚴三聖」，其中普賢菩薩代表一切菩薩行德本體。

普賢菩薩在華嚴大會之上，曾宣說十大願王：一者禮敬諸佛，二者稱讚如來，三者廣修供養，四者懺悔業障，五者隨喜功德，六者請轉法輪，七者請佛住世，八者常隨佛學，九者恆順眾生，十者普皆迴向，來開示菩薩的發心。

普賢菩薩（胎藏曼荼羅中台八葉院）

十大願王又稱爲普賢願海，代表一切菩薩的行願，所以菩薩發心修行，又稱爲入普賢願海。

因普賢爲十大願的願王，故與菩提心相配，並被視爲與金剛薩埵同體，也列於金胎兩部曼荼羅中。

⊙普賢菩薩的形像

其中，在金剛界曼荼羅的是賢劫十六尊之一，安置於北方四菩薩中的最下位。在微細會中是左拳安置腰前，右手執利劍。在供養會中以是兩手執蓮花，舉胸前，蓮花上有利劍。降三世羯磨會的形像與供養會大致相同，只是利劍超圍有火焰。

另外，在胎藏界曼荼羅中，中台八葉院及文殊院列之。在中台八葉院者坐東南方的蓮花，身白肉色，戴五佛寶冠，左手執蓮花，蓮上安置火焰圍繞的利劍。

在文殊院者則位於文殊的右後方，左手執青蓮花，上面安置三股杵。

另於《觀普賢菩薩行法經》中則描述其尊形與座騎說：「普賢菩薩身量無邊

普賢延命菩薩

，音聲無邊；色像無邊，欲來此國，入自在神通，促身令小，閻浮提人三障重故，以智慧力化乘白象。其象六牙，七支跓地，其七支下生七蓮華。象色鮮白，白中上者，頗梨雪山不得爲比。」

◉普賢延命菩薩

普賢菩薩有增益、延命的性德，當他住於增益延命三昧的境界之時，就成爲普賢延命菩薩（Samanta-bhadrayuh）。這是密教修持普賢延命法時所供奉的本尊。

依照密教經典的記載，眾生若能對此一菩薩如法修持與祈求，則「終不墮三惡道，定增壽命。終無夭死短命之怖，亦無惡夢魔魅咒詛惡形羅剎鬼之怖。亦不爲水火兵毒之所傷害。」而且能「具大福智，勝願圓滿。官位高遷，富饒財寶皆悉稱意。若求男女，並及聰明。」這些功德，都是依據普賢延命菩薩的本誓而產生的。

普賢延命菩薩又有「大安樂不空三昧耶真實菩薩」與「金剛薩埵」等二種異

普賢延命菩薩

名。前者是宣說此一菩薩具有賦予眾生以大利益、大安樂的平等本誓。後者是說他具有「不朽不壞之智，能摧諸煩惱，猶如金剛」。

普賢延命菩薩的形像，有二臂像及二十臂像兩種。依據經典記載，二臂像是「如滿月童子，頭戴五佛頂冠，右手持金剛杵，左手持召集金剛鈴。坐千葉寶蓮華，華下有白象王。象王足踏金剛輪，輪下有五千群象。」而二十臂像則通身是金黃色，頭戴五智寶冠，左右各十隻手，各持不同法器，坐於千葉蓮華之上。華下則有四白象。與二臂像座下之有千群象不同。

而《佛說一切諸如來心光明加持普賢菩薩延命金剛最勝陀羅尼經》，正是諸佛因憫念眾生短壽、横死之業障，而加持普賢菩薩所宣說之陀羅尼經。

據載，佛陀當時正在殑伽河側，與諸大比丘僧、菩薩摩訶薩、天人眾共聚。法會中有普賢菩薩，安住於如來祕密三摩地，從三昧起定，示現大神通力，以諸佛加持的緣故，宣說金剛壽命陀羅尼，使一切眾生增益壽命，無有夭横死，並使具獲得金剛壽命，堅固不壞，成就菩提，到達不退地。

當時世尊於心轉光明，召集十方世界恆河沙諸佛，遍虛空中，各自放出光明如帝釋天的寶珠因陀羅網，以此光明照觸普賢菩薩，令其宣說此金剛壽命經。

普賢菩薩得諸佛心印，即安住於金剛壽命三昧耶，於身中諸毛孔中放出無量微塵等數光明遍照十方世界，以自在神通力即說陀羅尼：

怛儞也(二合)他(一) 者隸者攞者隸(二) 尾曩知(三) 娑縛(二合)悉底(二合)計(四) 斫芻嚩(二合)誐爾(五) 者鉢囉(二合)捨漫覩(六) 薩嚩路誐(引)薩嚩娑怛嚩(二合)南(七) 阿曩蘇(八) 句曩蘇(九) 摩賀曩蘇(十) 者隸者隸(十一) 係摩誤憍(二合反)哩(十二) 係摩儞鏟禰(十三) 係摩尸棄(十四) 矯囉吠(十五) 矯囉悌(十六) 係俱囉吠(十七) 俱囉喋(十八) 俱囉摩底(十九) 微捨摩寧摩寧(二十) 戍秫毗嚩(二合)(二十一) 阿者梨(二十二) 微者梨(二十三) 摩尾覽嚩(二十四) 呼牟呼牟(二十五) 唵嚩日囉(二合) 諭曬娑嚩(二合) 賀

普賢菩薩宣說比咒時，得十方塵沙數諸佛心印加持，使普賢菩薩及四天王增得金剛壽命，而一切病苦眾生也得以蘇息。

經中並說：「若有善男子、善女人，怖畏夭橫，非命及不祥事，即以沐浴著新淨衣，燒香散花，持我延命心真言，即增壽。若有病苦眾生，求長壽故，離於病苦，即建立道場，於清淨屋舍，或就伽藍，請三七比丘清淨僧，轉讀此經各四十九遍，別持是陀羅尼滿十萬遍，即獲壽命。」

經中又說，如果有眾生恐怖畏懼各種死亡災難、病苦、夭折、橫死，若能書寫、受持、讀誦本經，或是畫普賢延命像，如理修法，即可離於前述種種之難，延命益壽。

◉普賢延命的種子字、真言

種子字：（yuḥ）

【真言】

二手金剛拳

唵① 縛日羅喻曬② 吽吽③ 尸棄④ 莎訶⑤

oṁ① vnjrnyuse② hūṁ hūṁ③ śikhi④ svāhā⑤

歸命① 金剛壽命② 吽吽（破二執之義）③ 尸棄（延之義）④ 成就⑤

內五股印

唵① 縛日羅薩怛縛② 弱吽鑁斛③

oṁ① vajra-sattva② jaḥ huṁ baṁ hoḥ③

歸命① 金剛薩埵② 弱吽儍斛（鉤召・住歡之義）③

外五股印

唵① 縛日羅薩埵② 惡③

oṁ① vajra-sattva② aḥ③

歸命① 金剛薩埵② 惡（種子）③

六字文殊菩薩

修持六字文殊法門可以滅除決定罪業，長壽延命，業盡命終後並得以往生極樂淨土。

【特德】

文殊師利菩薩（梵名 Mañjuśrī），梵名音譯為文殊尸利、曼殊室利、滿祖室哩，簡稱文殊。又名文殊師利法王子（梵 Mañjuśrīkumārabhūta），或文殊師利童真、文殊師利童子菩薩、孺童文殊菩薩。在密教當中則有般若金剛、吉祥金剛、大慧金剛、辯法金剛等密號。與普賢菩薩同爲釋迦牟尼佛之左右脇侍，世稱「華嚴三聖」。在其他經典中，又有妙德、妙首、普首、濡首、敬首、妙吉祥等名號。

此外，文殊菩薩又稱爲文殊童子，經常以童子的造型出現，因爲童子代表堅貞、光明，而空明聖潔的童真心靈，更是一個佛法修學者所要追求的目標。在經

仗劍騎獅的文殊菩薩

典中常稱呼菩薩爲童子，雖說菩薩是如來法子，但是菩薩所顯現的質直與真誠，正是童子的表現。

在此，菩薩以童真來展現永遠精進的生命，以童真來棄絕一切世間的染著，以童真來表達真實誠懇的心靈。同時，童子代表著無限的可能——思想純真、精神飽滿、隨時修正自己、不斷向上的生命。

文殊菩薩之形象常見有仗劍騎獅之像，代表著其法門的銳利。以右手執金剛寶劍，斷一切眾生的煩惱，以無畏的獅子吼震醒沉迷的眾生。

除此之外，文殊菩薩相應於娑婆世界有情眾生的因緣，亦有種種不同形象的示現，如《清涼山志》卷四中所載〈文殊菩薩顯應錄〉，就有種種不同的形象。而一般文殊菩薩的塑像則有僧形文殊、兒文殊、一髻文殊、五髻文殊、六字文殊、八髻文殊的尊形。而在密教中，文殊菩薩亦有一髻、五髻、六髻、八髻之分，其中以五髻文殊最爲重要。

五字文殊菩薩（梵名 Manjughosa），音譯作曼殊伽沙。即以阿、羅、波、者、那等五字爲真言之文殊師利菩薩。位列胎藏界文殊院月光菩薩之右方，又稱

五髻文殊

妙音菩薩，其頭有五髻，用表五智，故亦稱五髻文殊。密號吉祥金剛，種子爲𑖦𑖽（maṃ）、𑖎（ka）或𑖠𑖽（dhaṃ）。三昧耶形爲青蓮花，上有梵篋，一說爲智劍。

文殊代表一切如來之智慧，所以胎藏界之文殊，以左持青蓮花，象徵無相智德不染著法；而金剛界之文殊，右持利劍代表以其能斷煩惱故。又，文殊菩薩乘獅子者，爲金剛界之文殊；坐白蓮華者，是胎藏界文殊。

⊙長壽延命的六字文殊

六字文殊，是指以「唵嚩雞淡納莫」六字爲真言之文殊菩薩，此菩薩安住於滅罪調伏之三昧，其真言有六字，故稱六字文殊。

《別尊雜記》中說，每日誦六字文殊咒七遍，決定悉得滅除。而《覺禪鈔》也列舉有六字文殊修法，若如法修持，可得長壽，命終並可往生極樂世界。

根據《陀羅尼集經》卷六記載，六字文殊之形像爲金色童子形，首戴天冠，跏坐蓮花，左手仰掌當胸，右手結說法印，有觀音與普賢二大菩薩隨侍兩側。如

六字文殊菩薩

果行者爲了往生極樂或祈求長壽延命，可以修持六字文殊法。

⊙文殊菩薩的種子字、真言

種子字：（a）或（maṃ）

【真言】

南麼① 三曼多勃馱喃② 係係③ 俱摩囉迦④ 微目吃底⑤ 鉢他⑥ 悉體多⑦
娑麼羅娑麼羅⑧ 鉢羅底然⑨ 莎訶⑩

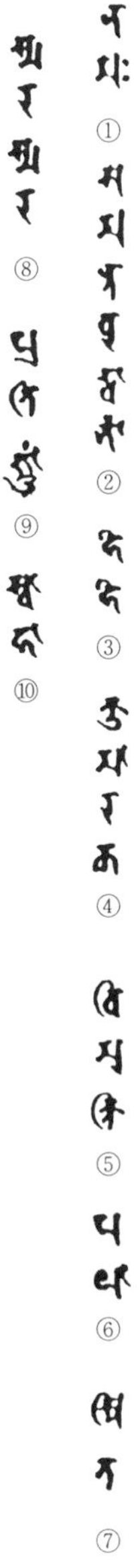

namaḥ① samanta-buddhānāṃ② he he③ kumāraka④ vimukti⑤ patha
⑥ sthita⑦ smara smara⑧ pratijñāṃ⑨ svāhā⑩

歸命① 普遍諸佛② 係係（呼召之聲）③ 童子④ 解脫⑤ 道⑥ 佇立⑦ 憶
念憶念⑧ 昔所願⑨ 成就⑩

延命地藏菩薩

延命地藏是地藏菩薩誓願延命利生的化現，能免短命、夭死之難，具有延壽之德。

【特德】

地藏菩薩（梵名Kṣitigarbha），是悲願特重的菩薩，常被稱爲大願地藏王菩薩。

在《地藏王菩薩十輪經》裡面說其「安忍不動如大地，靜慮思密知秘藏」，所以名爲「地藏」。

安忍不動如大地，是說地藏菩薩猶如大地，能夠承載一切眾生的種種罪業，而且仍然安忍不動。而靜慮思密知秘藏中的靜慮，是彰顯其智慧禪定的不可思議。定、慧具足，所以能夠了知一切秘藏，一切佛法的祕要。也就是說，地藏菩薩具足了最高的德性，不但能夠承載眾生的苦難，而且能夠了知一切生命的法要，

地藏菩薩

所以稱之爲「地藏」。

另外也有說「地藏者，伏藏也。」就是說潛伏在大地的一切寶藏，都是地藏。「地」具有生長、堅固、住持萬物、不動、廣大母性等等特質，因爲能生成萬物，所以具有藏持寶藏的能力與力量。因此用「地」這樣具體的形物，來象徵、比喻菩薩也具有如此的福德。

「伏藏」另外有一個意思，就是代表眾生的佛性，亦即如來藏，也就是眾生本具的佛性，能夠使我們成就圓滿的佛果，所以是一切不可思議功德伏藏。

⊙延命地藏

地藏菩薩在無量無邊的世界中，以各種形像救度眾生，因此化現各種不同的造型，一般將渡化六道眾生的地藏，稱爲六地藏，這是依娑婆世界存有的六種生命型態而說的。

在《大日經疏》卷五，此六地藏即是地藏、寶處、寶掌、持地、寶印手、堅固意。

此外，「延命地藏」也是常見的地藏菩薩化現。延命地藏是誓願延命利生之地藏菩薩。根據《地藏菩薩本願經》卷上〈如來讚歎品〉記載：「有新產者，或男或女，七日之中早與讀誦此不思議經典，更爲念菩薩名可滿萬遍，是新生子或男或女，宿有殃報便得解脫，安樂易養，壽命增長；若是承福生者，轉增安樂及與壽命。」因此，延命地藏是以地藏菩薩護佑眾生延命長壽的本願爲主，能免短命、夭死之難，具有延命之德，故被稱爲延命地藏，此菩薩現比丘聲聞相，半跏坐於蓮臺上，右手持錫杖，左手執寶珠。

在《地藏經》〈地神護法品〉提到供養地藏菩薩的十種利益：「……是中能塑畫，乃至金銀銅鐵，作地藏形像，燒香供養，瞻禮讚歎，是人居處即得十種利益，何等爲十？一者土地豐穰，二者家宅永安，三者先亡生天，四者現存益壽，五者所求遂意，六者無水火災，七者虛耗辟除，八者杜絕惡夢，九者出入神護，十者多遇聖因。」

〈囑累人天品〉中云：「若未來世，有善男子善女人，見地藏形像，及聞此經，及至讀誦，香花飲食，衣服、珍寶，布施、供養，讚歎瞻禮，得二十八種利

延命地藏

益：一者天龍護念，二者善果日增，三者集聖上因，四者菩提不退，五者衣食豐足，六者疾疫不臨，七者離水火災，八者無盜賊厄，九者人見欽敬，十者神鬼助持，十一者女轉男身，十二者爲王臣女，十三者端正相好，十四者多生天上，十五者或爲帝王，十六者宿智命通，十七者有求皆從，十八者眷屬歡樂，十九者諸橫消滅，二十者業道永除，二十一者去處盡通，二十二者夜夢安樂，二十三者先亡離苦，二十四者宿福受生，二十五者諸聖讚歎，二十六者聰明利根，二十七者饒慈愍心，二十八者畢竟成佛。」

可見地藏菩薩不只是度化地獄中的眾生，也能護佑眾生現世的生命。

⊙地藏菩薩延壽的故事

在《地藏菩薩像靈驗記》中，記載有童子以爪甲畫地而得以延命的故事。

據傳在大宋年間，開寶寺釋惠溫，有童子，不知姓名，年十四歲。有一相者名健真，見彼童子曰：「此子壽命短促，只剩下一個月的壽命而已。」師聞健真所說，遂放童子還家與親人共聚。

童子返家途中，逢天降大雨，往還不通，於是童子投宿於畫師屋。童子於畫師屋內見地藏菩薩像，便以自爪甲學彼畫地藏菩薩像於壁上。

天晴雨盡還家，經月餘之後，並無他殃，於是又至開寶寺。惠溫見到童子十分歡喜，認為相師健真所說此子命不長久之事有誤。便喚昔建真相師來寺，令見童子。

相師見童子後，大惑不解地說道：「此兒延命將五十季，實不識所由。」童子聞言自語：「吾以爪甲畫地藏像，其夜有僧，交臥言談，汝五十五十，如此再三唱。除此外，無餘修善事。」

師及相老嘆曰：「聖力不思議！」後童子出家具戒，即惠藏法師是也矣。

另於《地藏菩薩靈感錄》中，也提到造聖像得以延年的故事。

據載，有臺州人陳健，素行端正，至孝超倫，建室養二親，發心為父母造地藏、觀音二像，各三尺。

乾德四年，身有微疾，忽悶絕，父母啼哭，二時許復甦，禮拜父母，白言：「死別父母，未畢孝思，忽到閻王廳前，見我所造二像，住立廳中，王向之問訊，見我進，王牽我手，二菩薩像扶持兩脇而登廳中，像發和雅音云：『檀越至孝未了，大王放還人間。』王白像言：『子命業盡，其父母命長。』像曰：『壽命無定，隨緣改轉，檀越修福業，如何不還。』王檢一卷書曰：『若人至孝造像、畫像者，其壽命長遠，可延汝命四十年，於中二十年盡孝，二十年受孝子報。』有緣衣臣披書白王：『健子壽只十年，將受誰孝？』王曰：『法王無二言，須延子命。』我聞此言即醒」，聞者嘆未曾有！

⊙地藏菩薩的尊形

地藏菩薩的形象，在《十輪經》中說其是作聲聞相，不像大多數的菩薩是現在家像。

地藏菩薩此種形像，是「外現比丘現，內秘菩薩行」，這是爲了使眾生能出離惡道、輪迴，所以特別示現出離世間，朝向正覺之道的聲聞相。

而在《大日經》中，地藏菩薩也有與一般菩薩一樣，頭戴天冠的菩薩造形。

此菩薩在密教中，居於胎藏界地藏院中央，與寶處、寶掌、持地、寶印、堅固意菩薩合稱爲六地藏。此尊地藏的形象是：白肉色，左手持蓮花，上有幢幡，右手持寶珠。也有右手作施無畏印。

《別尊雜記》第二十八及《覺禪鈔》〈地藏上〉，舉出比丘形，左手持寶珠，右手作與願印，右腳垂下，坐蓮花上，在雲上之圖。

在中國佛教中，地藏的形相多是左手持如意寶珠，右手拿錫杖，多現聲聞比丘，或是戴五方佛帽。

在《地藏菩薩儀軌》中也說：地藏菩薩作聲聞形像，袈裟端覆左肩，左手持盈華形，右手施無畏，坐蓮華。如果現大士像，則頂著天冠，著袈裟，左手持蓮華莖，右手如先，安坐九蓮台。在《圖像抄》第五、《別尊雜記》第二十八、《覺禪鈔》地藏上、《阿娑縛抄》第一百一十地藏卷等皆舉此像。

⊙地藏菩薩的種子字、真言

種子字：（ha）

【真言】

南麼① 三曼多② 勃馱南③ 訶訶訶④ 蘇怛奴⑤ 莎訶⑥

𑖡𑖦𑖾① 𑖭𑖦𑖡𑖿𑖝② 𑖤𑖲𑖟𑖿𑖠𑖯𑖡𑖯𑖽③ 𑖮 𑖮 𑖮④ 𑖭𑖲𑖝𑖡𑖲⑤ 𑖭𑖿𑖪𑖯𑖮𑖯⑥

namaḥ① samanta② buddhānāṃ③ ha ha ha④ sutanu⑤ svāhā⑥

歸命① 普遍② 諸佛③ 離三因④ 妙身⑤ 成就⑥

藥王菩薩

藥王菩薩，能予眾生無上妙藥，療治一切身病、心病，滅除無量生死重罪、不遭橫死，使眾生究竟圓滿成佛。

【特德】

藥王菩薩（梵名Bhaiṣajya-rāja），梵名音譯作鞞逝捨羅惹。是《法華經》中，燃燒自身以供養諸佛的大菩薩；也是施與良藥給眾生，以除治眾生身心病苦的大士。同時也是阿彌陀佛二十五菩薩之一。

據佛典中所說，凡有如法持誦藥王菩薩名號、真言或是如法觀想藥王菩薩者

藥王菩薩

，悉可滅除無量生死重罪，不橫死、四百四病自然除滅，身諸煩惱悉皆不起，得服無上法藥乃至菩提。

據《觀藥王藥上二菩薩經》所載，過去無量無邊阿僧祇劫，有佛出世號瑠璃光照如來，劫名正安隱，其國名懸勝幡。彼佛涅槃後，於像法中，有日藏比丘，聰明多智，爲大眾廣說大乘如來之無上清淨平等大慧。當時在大眾中，有一位星宿光長者，聞說大乘平等大慧，心生歡喜，便以雪山之良藥，供養日藏比丘及眾僧，並於日藏比丘前發願：「以此功德，願我生生不求人天三界福報，正心迴向阿耨多羅三藐三菩提。我今至誠發無上道心，於未來世必當成佛。此願不虛，必如尊者所說佛慧。我得菩提清淨力時，雖未成佛，若有眾生聞我名者，願得除滅眾生三種病苦：一者眾生身中四百四病，但稱我名即得除愈。二者邪見愚癡及惡道苦，願永不受；我作佛時生我國土諸眾生等，悉皆悟解平等大乘更無異趣。三者閻浮提中及餘他方有三惡趣名，聞我名者，永更不受三惡趣身，設墮惡趣，我終不成阿耨多羅三藐三菩提；若有禮拜、繫念、觀我身相者，願此眾生消除三障，如淨琉璃內外映徹，見佛色身亦復如是；若有眾生見佛清淨色身者，願此眾生於平等慧永不退失。」

而長者之弟電光明，亦隨兄持諸醍醐良藥供養日藏及諸僧眾，亦發大菩提心，願得成佛。

由於星宿光長者以呵梨勒雪山勝藥以施眾僧，使眾僧服已，得聞妙法，以藥力故除二種病：一者四大增損，二者煩惱瞋恚。便因服此藥的緣故，諸大眾皆發起無上阿耨多羅三藐三菩提心。

因此，大眾為了報答長者施藥而得發心之恩，所以，以長者施妙藥之行而為其立名號為「藥王」。

當藥王菩薩聞諸大眾為其立號時，便敬禮大眾說：「大德眾僧為我立號，名曰藥王，我今應當依名定實。若我所施迴向佛道必得成就，願我兩手雨一切藥，摩洗眾生除一切病；若有眾生聞我名者，禮拜我者，觀我身相者，當令此等皆服甚深妙陀羅尼無閡法藥，當令此等，現在身上除去諸惡，無願不從；我成佛時願諸眾生具大乘行。」作是語時，於虛空中雨下七寶蓋覆於藥王上。

這就是藥王菩薩得名藥王的因緣與因地願行。

在經中，佛陀並授記藥王菩薩，久修梵行諸願已滿，於未來世過算數劫，當得作佛，號淨眼如來，國名常安樂光，劫名勝滿。彼佛出時，其地金剛色如白寶至金剛際，空中自然雨白寶華，團圓正等五十由旬，遍滿其國。彼土眾生無身心病，天獻甘露不以爲食，純服無上大乘法味。彼佛壽命五百萬億阿僧祇劫，正法住世四百萬阿僧祇劫，像法住世百千萬億阿僧祇劫，生彼國者皆悉住於陀羅尼門，念定不忘。

經中佛陀尚詳細教導大眾，若欲見藥王菩薩，應具足之因緣及應如何作觀。又說如法修持藥王菩薩法之功德利益：

「是藥王菩薩其兩脩臂如白寶色，手十指端雨諸七寶，若有眾生觀此菩薩十指端者，四百四病自然除滅，身諸煩惱皆悉不起。」

「佛滅度後若有四眾，能如是觀藥王菩薩者，能持藥王菩薩名者，除卻八十萬劫生死之罪，若能稱是藥王菩薩名字，一心禮拜，不遇禍對，終不橫死。」

此外，依據《法華經》所記載，在久遠的過去世中，日月淨明德如來在世時，如來曾爲一切眾生喜見菩薩講授《法華經》，該菩薩依此修行，而得證現一切色身三昧。爲了感恩如來的教誨，此一菩薩乃以天寶衣纏身，灌注香油，燃燒全身，以供養如來。

菩薩燒身命終之後，又出生在日月淨明德如來的國土中。那時如來即將涅槃，特別將弘揚佛法的重任付囑菩薩。菩薩在如來涅槃後，起建八萬四千塔來供奉如來舍利。之後，便在八萬四千塔前，燃燒自己的雙臂，以表示對如來舍利的供養，但是又因誓願力使雙臂恢復如故。這位累劫以來，經常捨身布施的一切眾生喜見菩薩，就是《法華經》內的藥王菩薩。

依《法華曼荼羅威儀形色法經》所載，此菩薩的形像是：頂上有妙寶冠，紺髮垂耳側，身相朝日色，左定拳著膝，右惠雲上日，跏趺而坐右足押在左足上，大悲救世之相，身上裝飾著妙好花鬘、天衣及瓔珞，手臂有環釧，細錦繫在腰上，赤綾作爲妙裳，身相殊妙莊嚴，身光遍暉曜，以寶蓮爲座，安住於月輪海中。或有說其右手屈臂，置胸前，以拇指、中指、無名指執持藥樹。

藥王菩薩之三昧耶形爲阿迦陀藥，或爲蓮花。

⦿藥王菩薩的種子字、真言

種子字：（bhai）

【真言】

唵① 鞞逝捨羅惹耶② 莎訶③

oṁ① bhaiṣajya-rājāya② svāhā③

歸命① 藥王② 成就③

阿目佉一 摩訶目佉二 痤隸三 摩訶痤隸四 柁翅五 摩訶柁翅六 當求利七 摩訶當求利八 烏摩致九 摩訶烏摩致十 柁翅柁翅十一 摩訶柁翅十二 兜帝兜帝十三 摩訶兜帝十四 阿偷阿偷十五 摩訶阿偷十六 樓遮迦十七 摩訶樓遮迦十八 陀賒寐十九 摩訶陀賒寐二十 多兜多兜二十一 摩訶多兜二十二 迦留尼迦二十三 陀奢羅莎呵二十四 阿竹丘阿竹丘二十五 摩瞪祇二十六 波登雌二十七 遮梯二十八 遮樓迦梯二十九 佛馱遮梨三十 迦留尼迦三十一 莎呵

千手觀音

千手觀音為利益一切眾生，而具足千手千眼，能滿足眾生一切所求。持本尊神咒可免十五種惡死，並得延命長壽，財食豐足。

【特德】

千手觀音（梵名 Avalokitesvara-sahasrabhuja-lo-cana），是指具有千手、千眼，而一手掌各有一眼的觀音菩薩、又稱作千手聖觀自在、千臂觀音、千光觀自在、千手千眼觀自在、千手千眼觀世音、千眼千臂觀世音，或稱千眼千首千足千舌千臂觀自在。在六觀音中，是主救度地獄道一切眾生的怙主。

根據《大悲心陀羅尼經》所描述：過去無量億劫有千光王靜住如來出世，因爲憫念一切眾生，所以宣說廣大圓滿無礙大悲心陀羅尼，當時，觀世昔菩薩一聞此咒，就從初地直超第八地菩薩境界，心得歡喜，所以發心身生出千手千眼，以利益安樂一切眾生的廣大誓願，並應時身上具足千手千眼。

千手觀音

此尊是蓮華部（或稱觀音部，爲密教金剛界五部之一，或胎藏界三部之一）果德之尊，故稱蓮華王。蓮華部皆以大悲爲本誓，但以此尊爲蓮華王，故特以大悲金剛爲密號。位列於胎藏界曼荼羅虛空藏院內，表蓮華部之德。

在《千光眼觀自在菩薩祕密法經》中說：「大悲觀自在，具足百千手，其眼亦復然，作世間父母，能施眾生願。」這裏的「千」，是代表無量、圓滿之義。也就是以「千手」象徵著此觀音大悲利他的方便，無量廣大，「千眼」象徵他應物化導時，觀察機根的智慧圓滿無礙。

依據《千光眼觀自在菩薩祕密法經》所敍述，「千手」表示四十手各濟度三界二十五種存有眾生（即一種存有眾生配上四十手、四十眼），合爲千手千眼。所以一般常見之形像爲四十臂。

依據《千光眼觀自在菩薩祕密法經》、《大悲心陀羅尼經》所載，將此四十手所表徵的特德，千手觀音的四十隻手，隨著眾生的根機，一切應於如來的息災、調伏、增益、敬愛、鈎召的五部法能滿足一切眾生願望。

經中云：「若爲腹中諸病，當於寶鉢手。真言：唵引枳哩枳哩嚩日囉合二吽泮吒」

千手觀音

「若爲患熱病求清涼者，當於月精摩尼手。真言：唵(引)蘇悉地揭哩(合二)薩嚩(合二)賀」

「若爲身上種種病難者，當於楊柳枝手。真言：唵(引)蘇悉地迦哩嚩哩哆喃哆目哆曳嚩日囉(合二)嚩日囉(合二)畔馱賀曩賀曩吽泮吒」

「若爲速成就佛道者，當於五色雲手。真言：唵(引)嚩日囉(合二)迦哩囉吒給吒」

「若爲求生諸梵天上者，當於軍持手。真言：唵(引)嚩日囉(合二)勢佉囉嚕吒給吒」

在《覺禪鈔》卷第四十二中，提到千手觀音陀羅尼之名號的九種意義：「一廣大圓滿，一無礙大悲，一拔苦陀羅尼，一延壽陀羅尼，一滅惡趣陀羅尼，一破業障陀羅尼，一滿願陀羅尼，一隨心自在陀羅尼，一速超上地陀羅尼。」

《千手千眼觀世音菩薩大悲心陀羅尼》中並說：「若諸人天誦持大悲心咒者，得十五種善生，不受十五種惡死也。其惡死者，一者不令其人飢餓困苦死，二者不爲枷禁杖楚死，三者不爲怨家讎對死，四者不爲軍陣相殺死，五者不爲虎狼惡獸殘害死，六者不爲毒蛇蚖蠍所中死，七者不爲水火焚漂死，八者不爲毒藥所中死，九者不爲蠱毒所害死，十者不爲狂亂失念死，十一者不爲山樹崖岸墜落死，十二者不爲惡人厭魅死，十三者不爲邪神惡鬼得便死，十四者不爲惡病纏身死

千手觀音

，十五者不爲非分自害死，誦持大悲神咒者，不受如是十五種惡死也。」

根據經中所述，誦持此尊的陀羅尼真言者，可免受飢餓死、惡獸殘害死等十五種惡死，而得眷屬和順、財食豐足等十五種善生，或療治各種疾病、蟲毒、難產、死產等。

《大悲心陀羅尼經》中說，千手觀音有密跡金剛力士等，二十八部的護法眷屬，稱之爲千手觀音二十八部眾，在《千手觀音造次第法儀軌》中，一一列出他們的形象及真言等。

在《覺禪鈔》卷第四十二中，有祈修此法求長壽之記載：

「夫以仰觀音之本誓，造立等身之形像，崇祕密之教門，今始七日之行法，御願大意者，攘災安穩之計，偏依大悲之本願，除病延命之旨，只在無緣之弘誓。今此千手觀音，昔仕千光王佛，實得大悲神咒，誓利一切眾生，忽備千手千眼，遣日光、月光，照晝夜不祥，具二十八部，除曜宿災障，述破業障陀羅尼，除宿業之病有馮，說延壽陀羅尼，保長壽之齡無疑。藥師如來一經，其耳之誓，只是巨海一滴也，普賢菩薩恆順眾生之願，不及九牛一毛也。此尊利益靈驗揭焉，爰以致誠憑誓隨願成就，乾樹生花果。何況有情有識身乎？若然垂一子慈悲，奉護萬歲之壽算。御願玉鄭重，不可疑除病之願望。」

此尊的儀軌及圖像，直至初唐時代始傳來中國。據《千眼千臂觀世音菩薩陀羅尼神咒經》序文所載，唐．武德年中（六一八～六二六），中天竺婆羅門僧瞿多提婆攜來此尊形像及結壇手印經本。貞觀年中（六二七～六四九），另有北天竺僧奉進《千臂千眼陀羅尼》的梵本，後由智通譯成漢文。由此可知，此尊的信仰應是形成於西元七世紀。

⊙千手觀音的形像

千手觀音的形像，在各種經軌中所載並不相同：

在現圖胎藏界曼荼羅中此尊則有二十七面千臂，結跏趺坐於寶蓮華上。千手中，有四十手（或四十二手）各持器杖，或作印相，其餘各手不持器杖。

其中，千手觀音的「十一面」代表滿足十地十波羅蜜的菩薩境界，而證得第十一地的妙覺位，與十一面觀音相同。「五百面」即相應於千臂千眼之意。

至於「二十七面」，經軌並未述及，似出自《祕藏記》。或以二十七面表示濟度二十五種存有眾生的二十五面，加上本面與本師阿彌陀佛共二十七面。或是說十波羅蜜中，前六度各開三種，後四度各開二種，合爲二十六面，再加本面而成二十七面。

在《千眼千臂觀世音菩薩陀羅尼神咒經》卷上、《千手千眼觀世音菩薩姥陀羅尼身經》所說，是身作檀金色，一面千臂。《千手千眼觀世音菩薩姥陀羅尼身經》中另說，千臂中十八臂的印相持物。

《千光眼觀自在祕密法經》所說，身是黃金色，於紅蓮華上半跏趺坐，有十一面四十手。十一面中，當前三面作菩薩相，本面有三目，右邊三面作白牙向上相，左邊三面是忿怒相，當後一面爲暴笑相，頂上一面作如來相。

《攝無礙經》中所說，是身金色，千臂千眼，有五百面。

《世尊聖者千眼千首千足千舌千臂觀自在菩提薩埵怛嚩廣大圓滿無礙大悲心陀羅尼》所說，爲千眼、千頭、千足、千舌、千臂之相。

此外，在《千手千眼觀世音菩薩姥陀羅尼身經》則說有十八臂。

⊙造千手觀音法像而益壽延年的故事

在《三寶感應要略錄》卷下錄有造千臂千眼觀自在像法而延壽的感應事蹟：

往昔婆羅奈國有長者，唯有一子，壽命年合得十六。至年十五，有婆羅門巡門乞食，見長者愁憂不樂，夫妻憔悴，面無光澤。沙門問長者：「何爲不樂？」長者遂說獨子壽年只十六之因緣。婆羅門聞言答其長者云：「不須愁憂，但取貧道處分，子壽年長遠。」

于時，婆羅門作此像法，用千臂咒一日一夜，得閻魔王報云：「長者子壽年只今十六，今已十五，唯有一年，今遇善緣，得年八十，故來相報。」

爾時，長者夫妻歡喜，罄捨家資，以施眾僧，當知此像法，不可思議也。

⊙千手觀音的種子字、真言

種子字：（hrīḥ）或（sa）

【真言】

唵① 縛日羅② 達磨③ 紇哩④

𑖌𑖼① 𑖪𑖕𑖿𑖨② 𑖠𑖨𑖿𑖦③ 𑖮𑖿𑖨𑖱𑖾④

oṃ① vajra② dharma③ hrīḥ④

歸命① 金剛② 法③ 紇哩（種子）④

（關於彰顯千手觀音內證功德的根本咒——大悲咒，請參閱佛教小百科第9冊〈佛教的真言咒語〉第三篇）

十一面觀音

【特德】

十一面觀音大悲守護眾生，若有志心修持者，能離一切障難、疾病、災怪。

十一面觀音（梵名Ekadasa-mukha），梵名音譯作曀迦娜舍目佉，意譯為十一最勝，或十一首，全稱為十一面觀音菩薩，是觀世音菩薩的化身，因為其具

十一面觀音

有十一頭面，所以通稱爲十一面觀音。

十一面觀音菩薩的名號，源於「十一面觀世音神咒」，爲十一億佛陀所説，威力甚大。

《白寶口抄》中述及十一面觀音名號功德：「若有稱念百千俱胝那由多諸佛，復有暫時於我名號至心稱念，彼二功德平等平等，諸有稱念我名號者，一切皆得不退轉地，離一切病、脫一切障、一切怖畏，及除身語意惡，況神咒受持？是人於無上菩提如在掌中。」

依據《佛説十一面觀世音神咒經》記載：「時觀世音菩薩白佛言：世尊，我有心咒，名十一面。此心咒十一億諸佛所説，我今説之，爲一切眾生故，欲令一切眾生念善法故，欲令一切眾生無憂惱故，欲除一切眾生病故，爲一切障難災怪惡夢欲除滅故，欲除一切橫病故，欲除一切諸惡心者令調柔故，欲除一切諸魔鬼神障難不起故。」由此可知觀世音菩薩大悲度化眾生廣大功德勢力。

在經中並説此神咒是恆沙數劫之前，由一佛名「百蓮華眼頂無障礙功德光明王如來」所宣説，觀世音菩薩在當時爲大持咒仙人中王，於彼佛所方得此咒。又

十一面觀音

說觀音菩薩得此咒時，十方諸佛皆睹目前，見佛已，忽然即得無生法忍。當知此咒有如是神力，能利益無量眾生。而在觀音菩薩初得此咒後，又過了無量恆沙數劫，於曼陀羅香如來所，當時爲優婆塞（居士）身的觀音菩薩復得此咒，一得此咒即於四萬劫超生死際，說此咒時得一切諸佛大慈大悲大喜大捨智慧藏法門，以此法門力故能救一切眾生。

在《白寶口抄》中記載許多十一面觀音除病的修法，如以甘露印印身上疾病處，至心誦咒，病即可癒，若有久病不癒者，或是惡神鬼來入宅，應取薰香一百八顆，在十一面觀音像前，每顆持咒一遍，擲置火中，至香盡則病亦差。又取白縷作二十一咒結，一咒一結，繫於慈悲面頂上，經一宿之後再解下，繫於病者之頸，如此所患即除，惡鬼退散。

除了一般性的疾病之外，若國中有疫情障病、人畜等疾病，可用雄黃、牛黃置尊像前，誦咒一千八遍，以水和之，並以此水沐浴其身，則一切障礙、惡夢、疫病皆除。

而一切狂病、鬼病、瘡病、刀箭病等，亦可用此咒除之。

持誦這一神咒的人，現身可得十種功德及四種果報。其中十種功德爲⑴身常無病。⑵恆爲十方諸佛憶念。⑶一切財物、衣服、飲食，自然滿足恆無乏少。⑷能破一切怨敵。⑸能使一切眾生皆生慈心。⑹一切蠱毒、一切熱病無能侵害。⑺一切刀杖不能爲害。⑻一切水難不能漂溺。⑼一切火難不能焚燒。⑽不受一切橫死。四種果報爲：一者臨命終時，得見十方無量諸佛。二者永不墮地獄。三者不爲一切禽獸所害。四者命終之後，生無量壽國。此咒兼具現生、當來二世利益。由於此神咒有如此的效驗，因此歷代以來，有許多人持誦該咒，並供奉此尊。

◉十一面觀音平息疾疫護命免難的故事

在《三寶感應要略》中，載有因造十一面觀音像而得平息疾疫、愈病護命的故事。

據載，佛滅度後八百年中，憍薩羅國中疾疫流行，因此國中之人病死大半。且經歷了三年仍不得免難。於是王臣共議，立誓祈請十方世界天上、天下有大悲者，必來救護。

爾時，王夢見聖像，具足十一面，身黃金色，光明照耀，舒手摩王頂言：「我以十一面守護王國。」

王夢覺，告臣：「王臣人民一日中造十一面觀音像。」於是疾疫平息，得以護命免難。且以是已後一百年中，未遭此難矣。

⊙十一面觀音的形像

依據《十一面觀世音神咒經》中所說，其形像為：

「身長一尺三寸，作十一頭，當前三面作菩薩面，左廂三面作瞋面，右廂三面似菩薩面，狗牙上出，後有一面作大笑面，頂上一面作佛面，面悉向前，後著光。其十一面各戴花冠，其花冠中各有阿彌陀佛。觀世音左手持澡瓶，瓶口出蓮花；展其右手以串瓔珞，施無畏手。」

然而，古來所見的圖像，或多或少皆有不同，而十一面的配置有種種不同，甚至有二臂、四臂、八臂的差異。例如：

左《十一面儀軌》中說此觀音有四臂其中右第一手是施無畏，第二手執念珠。左第一手執蓮花，第二手持軍持（即瓶）。

而《攝無礙大悲心大陀羅尼經計一法中出無量義南方滿願補陀落海會五部諸尊等弘誓力方位及威儀形色執持三摩耶標幟曼荼羅儀軌》則說其為：「諸頭髮髻冠，冠中住佛身。正面淺黃色，救世哀愍相，左右青黑面，左三忿怒相，右三降魔相，當後暴笑相，頂上如來相。四臂兩足體，左定執蓮華，左理握鍕持，右慧施無畏，或結拳印契，右智持數珠。被鬘妙瓔珞，天衣及上裳，商佉妙色光，安住千葉蓮，跏趺右押左。」

如印度孟買卡內利（Kanheri）石窟安置的十一面觀音即是四臂像，其本面頂上有三重，各安三面，其上再安一面，合為十一面。

而山西省太原縣天龍山第九窟之觀音，則是二臂像，本面頂上的周圍刻十面，其上又安一佛面。左手屈而持鉢，右手垂下作施無畏印。

此外，敦煌千佛洞的臂畫像，及西藏所傳畫像都有八臂像。前者是本面頂上安五面，其上又安二面，二面中間安化佛一體，其上更安一面，本面左右耳各安一面瞋怒相。八臂中，左第一手持蓮花，第二手持月珠，第三手持幢幡，第四手結施無畏印。右第一手執紅蓮花，第二手持日珠，第三手持錫杖，第四手則剝落不明。後者是本面頂上安三面，其上再安三面，更上又安一面，本面左右耳各安一面。八臂中，左右第一手於胸前合掌。左第二手持蓮花，第三手持弓矢，第四手持羂索。右第二手持數珠，第三手持法輪，第四手作與願印。

在密教胎藏現圖曼荼羅中，此觀音位列蘇悉地院北端，具四臂，趺坐於蓮花上。本面兩側各有一面，其上有五面，更上有三面，合本面而成十一面。右第一手結施無畏印，第二手執念珠。左第一手持蓮花，第二手持軍持。其中蓮花表眾生本具的自性清淨心，軍持瓶是長養此蓮花的大悲甘露水，數珠代表精進義，對一切眾生施無畏故結施無畏印。以此尊於觀音中特為妙成就之尊，示現因地及果德成就之相，所以位列此院。

⊙十一面的象徵意義

十一面觀音的十一面，各有其特殊的象徵意義。在十一面中，前三面為大慈相，是菩薩見到行善眾生時，生出慈心的大慈與樂相。左三面為大瞋相，是見到行惡眾生時，生出悲心的大悲救苦相。右二面白牙上出相，是見到淨業眾生時，所發出的讚嘆、勸進相。最後一面是暴笑面，是見到善惡雜穢眾生時，爲使其改惡向道所生的怪笑相。頂上的佛面，是爲修習大乘的眾生所作的說法相。

也有認爲十一面觀音中，前左右各有三面，乃象徵度化三有之眾生。而寂靜相的三面，表示清淨行者的三毒業障；威怒相的二面，表示破除障礙行者行於正道的三障；利牙相的三面，表破除惡魔惡人等障道的三障；後面的笑怒相，表斷除三毒等之後必得一切智。此十面爲大悲方便的化儀。頂上的佛面則爲本地法身，代表十一地佛果之德，即此十一面表因果一體、本跡不二之義。

又有說其寂靜之面是爲了成就純善者，忿怒之面是爲了成就純惡者，而笑怒之面則是爲了成就善惡交雜者。其四臂表內證四智：手持念珠表根本智、大圓鏡智，智斷煩惱，所以爲調伏義。施無畏乃身口意三業的化用，是成所作智，爲息災義。蓮花表觀音之體，是妙觀察智，花爲人所愛，所以爲敬愛義。澡瓶代表以甘露的智水潤澤一切眾生，是平等性智，爲增益之義。四智的總體爲法界體性智，所以此尊爲蓮華部五智圓滿之尊。

十一面觀音密號爲變異金剛，或稱爲慈愍金剛。三昧耶形爲開敷蓮華或軍持。印相是作金剛合掌，深叉十指，以右押左，然後舉至頭上。此即行者觀十指爲十面，加自己的一面而成十一面，自身即成十一面之身。

另外，有爲除病而供養此尊之法，稱之爲十一面法。有以十一面觀音爲中尊而建立的曼荼羅，稱之爲十一面觀音曼荼羅。

⊙十一面觀音的種子字、真言

種子字：（ka）或（sa）或（hrīḥ）

【真言】

唵① 摩訶② 迦嚕尼迦③ 娑縛訶④

oṁ① mahā② karuṇika③ svāhā④

歸命① 大② 悲③ 成就④

唵① 嚕峻② 入縛羅③ 紇哩④

oṁ① loke jvala③ hrīḥ④

歸命① 世間② 光明③ 紇哩（通種子）④

如意輪觀音

【特德】

除了賜予眾生無盡財寶之外，如意輪觀音也是重要的延命長壽本尊，能祛除眾多疾病，使眾生身心吉祥、安康、祛病延壽。

如意輪觀音（梵名 Cintāmani-cakra），梵名音譯爲振多摩尼。其尊名中的cintā是思惟、所望、願望的意思，mani爲寶珠之義，cakra可譯作圓、或輪。因此意譯爲所願寶珠輪或如意珠輪，而自古以來多譯作如意輪、如意輪王。以此菩薩可如意出生無數珍寶，即住所謂「如意寶珠三昧」，常轉法

如意輪觀音

輪，攝化有情，如願授與富貴、財產、智慧、勢力、威德等而名之。全稱爲如意輪觀世音菩薩，又稱作如意輪菩薩、如意輪王菩薩。

除了賜予眾生無盡財寶之外，如意輪觀音也是重要的延命長壽本尊，能祛除眾多疾病，使眾生身心吉祥、安康、祛病延壽。

在《如意輪陀羅尼經》〈眼藥品第八〉中說：「是陀羅尼明眼藥法者，令諸有情獲大勝利，如意成就。聖觀自在與所求願一切圓滿。」經中又說，以其藥方盛於銅器中，置壇內聖觀自在前。持咒之後：「先以藥塗聖觀自在足下，於諸有情起大悲心，當誦前三明一百八遍則當塗眼，所有翳障白暈眵淚，赤膜雀目胎赤風赤，眼中努肉皆得除差。第二度塗者，所有頭痛，或頭半痛口諸疾病，壯熱病一日發、二日發、三日發，或常發者，悉皆除差。第三度塗者，一切諸惡神病、鬼病、癲癇風病，乃至八萬四千神鬼，種種病惱悉得除愈。」

在《如意輪陀羅尼經》中說：「一切諸明神通威力，無能及此如意輪陀羅尼明神通力者。所以者何？是陀羅尼若有能信受持之者，過現造積四重五逆十惡罪障，應墮阿毗地獄之者，悉能消滅。若一日、二日、三日、四日，乃至七日熱病

如意輪觀音

、風病。病病、痰病、蠱毒厭禱，疔瘡、疥癩、癲癎、風痒，頭、鼻、眼、耳、脣、舌、牙齒，咽喉、胸脇、心腹、腰背、手足、支節、一切疾病，種種災厄魍魎鬼神，由經誦念皆得除滅。

一切藥叉、囉刹、毗那夜迦，惡神鬼等悉不能害。刀兵水火惡風雷雹，王難賊難怨讐等難，不相橫害。一切惡相鬪福之業，惡星變怪皆自消滅，蚖蛇蝮蝎守宮蜘蛛，師子虎狼一切惡獸亦不相害。若有軍陣鬥戰官事諍訟，由明成就皆得解脫，若常五更誦此陀羅尼一千八十遍者，如上諸事皆得解脫自在如意。」

在《佛說觀自在菩薩如意心陀羅尼咒經》中說：「更無明咒能得與此如意咒王勢力齊者，是故先當除諸罪障，次能成就一切事業，亦能銷除受無間獄，五逆重罪，亦能殄滅一切病苦皆得除差，一切重業悉能破壞。諸有熱病，或晝或夜，或一日瘧乃至四日瘧，風黃痰癊三集嬰纏，如是病等誦呪便差。若有他人厭魅蠱毒，悉皆銷滅無復遺餘。假使一切癰瘻惡瘡，疥癩麋癬，周遍其身，并及眼耳鼻舌，脣口牙齒、咽喉頂腦、胸脇心腹，腰背腳手，頭面等痛，支節煩疼，半身不隨，腹脹塊滿，飲食不銷。從頭至足，但是疾苦，無不痊除。」

如意輪觀音

⊙如意輪觀音的形像

如意輪觀音的形像有許多種，有二臂、四臂、六臂、八臂、十臂、十二臂等多種。其中比較常見的是六臂像。

其中二臂像自古以來傳有四種。

在二臂像的四種形態中，以「如意輪觀世音菩薩」爲最原始之正形。其左手執摩尼珠，舒右手結施願印，身白紅色，坐大蓮華上。

四臂像則傳有於觀音前繪池水，池上有山，山上有紅蓮華，觀音坐蓮華上，垂左足，右足扶左上足，著草履。頭冠中有化佛，化佛如仰半月，左第一手向下至腰，第二手以拇指、食指捻白珠。右第一手屈上肘附膝上，拇指、中指捻數珠，第二手捧梵甲，四手腕各著釧。又於池中東方繪龍女、天人，西方繪龍鬼及毗那夜迦（大聖歡喜天）。

至於常見的六臂像，在《觀自在菩薩如意輪瑜伽》中記載：「六臂身金色，皆想於自身，頂髻寶莊嚴，冠坐自在王（彌陀），住於說法相。第一手思惟，愍念有情故。第二持（如）意寶，能滿一切願。第三持念珠，爲度傍生苦。左按光明山，成就無傾動。第二持蓮手，能淨諸非法。第三契輪手，能轉無上法。六臂廣博體，能遊於六道，以大悲方便，斷諸有情苦。」

此外，也有作頭上戴寶冠，冠上安置化佛，左第一手開寶華，第二手金色盤，第二手開紅蓮；右第一手跋折羅（金剛杵），第二手降魔印，第三手向臍下，於寶蓮上結跏趺坐，又頭上兩邊有天女呈散花之姿的造形。

十臂像則於《覺禪鈔》描述爲：左右第一手於頂上合掌，左第二手持日珠，第三手如意寶珠，第四手澡瓶瓶口附著青蓮，第五手執呪索。又右第二手持月珠，第三手持輪，第四手持跋折羅，第五手持念珠。頂上放大光明，照十方大地，身著天衣，頭、項兩手有七寶瓔珞。另有十地菩薩（Daśa-bhūumayah-bod-hisa-ttva）由地湧出，二手捧觀音足。又於，如意輪觀音像左邊畫有梵天、毗沙門（多聞天）、毗樓博叉（廣目天），右邊繪有帝釋天、提頭羅陀（持國天）、毗樓勒叉（增長天）。此十像略去第五左右兩手即成八臂像。

十二臂像，身白紅色，緋絡縛，朝霞曼胯，紅紗爲裙，腳踏白蓮在水池中。

左右二手於頂上合掌，左第二手捧金輪，第三手無名指、拇指二指捻寶蓮華莖，蓮華內有一如意寶珠，第四手歡喜印，第五手澡罐。右第二手跋折羅，第三手如意杖，第四手三股叉，第五手施無畏；左右第六手結自在神通如意神力印。又，上有二天散華供養，下左畫金剛王菩薩，右畫軍荼利菩薩。

由於如意輪觀音，歷代以來甚受崇敬，自古以來南海諸國也有不少信仰者，因此有不少造像留存，如敦煌千佛洞即有六臂如意輪觀音之繪像，另於錫蘭、爪哇、日本等國亦存有此菩薩之各種造像。

以如意輪觀音為本尊，為福德增起、意願滿足、諸罪滅滅、諸苦拔濟等動機所修之法，稱為如意輪觀音法，或如意寶珠法。

在《覺禪鈔》提及此尊增延壽命之事：「若服藥求色力，根本言念誦十萬滿遍或三七五七遍，後過七力同九龍無差。若持延年甘露藥，或得一切過劫中。」

⊙如意輪觀音的種子字、真言

種子字：（hrīḥ）

【真言】

中咒

唵① 跛娜麼② 振多麼呢③ 入嚩攞④ 吽⑤

oṁ① padma② cintā-maṇi③ jvala④ hūṁ⑤

歸命① 蓮華② 如意寶珠③ 光明④ 吽（摧破之義）⑤

小咒一

唵① 縛羅那② 跛納銘③ 吽④

oṁ① varaṇa② padme③ hūṁ④

歸命① 與願② 蓮華③ 吽（摧破之義）④

小咒二

唵① 麼尼② 鉢頭迷③ 吽④

𑖌𑖼① 𑖦𑖜𑖰② 𑖢𑖟𑖿𑖦𑖸③ 𑖮𑖳𑖽④

oṁ① maṇi② padme③ hūṁ④

歸命① 與願② 蓮華③ 吽（摧破之義）④

準提觀音

【特德】

準提觀音是一位感應極大，度眾方便無限的大菩薩。修準提法能使行者罪障清淨、避諸厄難、疾疫差除、護命增壽。

準提觀音（梵名Cundī），又作準提、准胝、准提菩薩、准提佛母、佛母準提、尊那（Sunda，輝麗之義）佛母、七俱胝佛母等。是以准提咒而普爲顯密佛教徒所共知的大菩薩。爲六觀音之一，以救度人間眾生爲主，在天台宗又被稱爲

準提觀音

天人丈夫觀音。密號為最勝金剛。

日本台密以準提為佛部之尊，東密則以準提為六觀音之一。但不管是屬於何部，在中日兩地佛教徒的心目中，準提菩薩是一位感應極大，對眾生無限慈悲功德、方便廣大無邊的偉大菩薩。在胎藏曼荼羅中，稱之為七俱胝佛母，位列遍知院，為蓮華部之母，司生蓮華部諸尊功德之德，故稱為佛母尊。三形為說法印或寶瓶，印相為蓮華合掌。

準提意譯作清淨，是護持佛法，並能為眾生延壽護命的菩薩。至於「七俱胝佛母」之名（梵名 Sapta-koṭi-buddha-māṭṛ），則出自《七俱胝佛母准提大明陀羅尼經》，該經中有「過去七俱胝准提如來等佛母准提陀羅尼」之語。七俱胝即七千萬，有時七俱胝佛母又被稱為三世佛母。這和文殊菩薩被稱作三世佛母是同樣的意義。但是「準提佛母」的說法，主要是來自七俱胝佛母，是三世諸佛之母的意思，又稱為三界母或世母（世間的母親）。

在《七俱胝佛母所說准提陀羅尼經》中記載，佛陀因愍念未來薄福惡業眾生的緣故，即入准提三摩地，而說此過去七俱胝佛所說陀羅尼。在《佛說大乘莊嚴寶王經》卷第四中，則是在世尊宣說六字大明咒的因緣下，有七十七俱胝如來共來宣說此陀羅尼，經中說：「而於是時，有七十七俱胝如來應正等覺皆來集會，彼諸如來同說陀羅尼（中略）。於是七十七俱胝如來應正等覺說此陀羅尼時，彼觀自在菩薩身有一毛孔名日光明，是中有無數百千萬俱胝那庾多菩薩。」

關於此咒殊勝功德在《七俱胝佛母所說准提陀羅尼經》中說：「若有修真言之行出家、在家菩薩，誦持此陀羅尼，滿九十萬遍，無量劫造十惡、四重、五無間罪，悉皆消滅，所生之處，常遇諸佛菩薩，豐饒財寶，常得出家。若是在家菩薩，修持戒行堅固不退，誦此陀羅尼常生天趣，或於人間常作國王，不墮惡趣，親近賢聖，諸天愛敬擁護加持，若營世務無諸災橫，儀容端正，言音威肅，心無憂惱。若出家菩薩具諸禁戒，三時念誦，依教修行，現生所求出世間悉地定慧現前，證地波羅蜜，圓滿疾證無上正等菩提。」

此外，如法誦持者，若境界中或於境中吐出黑飯，或見昇於宮殿或登白山及上樹，或見大池旋水，或騰空自在。或見天女與妙言辭，或見大集會中聽說妙法，或見拔髮自身剃頭，或喫酪飯飲白甘露，或渡大海或浮大河，或昇師子座或見

準提觀音

菩提樹，或上船或見沙門，或著白衣、黃衣以衣籠覆頭，或見日月或見童男女，或見自身上有乳樹，或昇花果樹，或見黑丈夫口中吐出火焰怖走而去，或見惡馬水牛狀似相鬥退失而走，或見自食乳粥，或見有香氣白花。若見如上相者，即知是罪滅相，其中各經軌所戴之誦咒遍數及夢境雖各有不同，但總約可見誦持此準提咒法之殊勝效驗。

準提法較一般修法特別之處，是需要準備一準提鏡壇。唐、善無畏所譯之《七佛俱胝佛母心大准提陀羅尼法》中說：「不同諸部廣修供養、地香泥塗之所建立。以一面淨鏡，未曾用者，於佛像前月十五日夜，隨力供養，燒安悉香及清淨水。先當靜心無所思惟，然後結印誦呪。呪鏡一百八遍，以囊匣盛鏡，常得將隨身，後欲念誦但以此鏡，置於面前結印誦呪，依鏡為壇即得成就。」

此準提鏡壇可供於佛壇，亦可隨身攜帶，而此準提鏡即代表本尊。

又說：「此壇鏡法不得人見，若見即不好不成畢。須密之，此法不可說，自當證知，隨意所求，速得成就，受勝妙樂。」

至於前述結印誦咒，其咒指的是後附的準提咒，故不重述，而手印，依經所

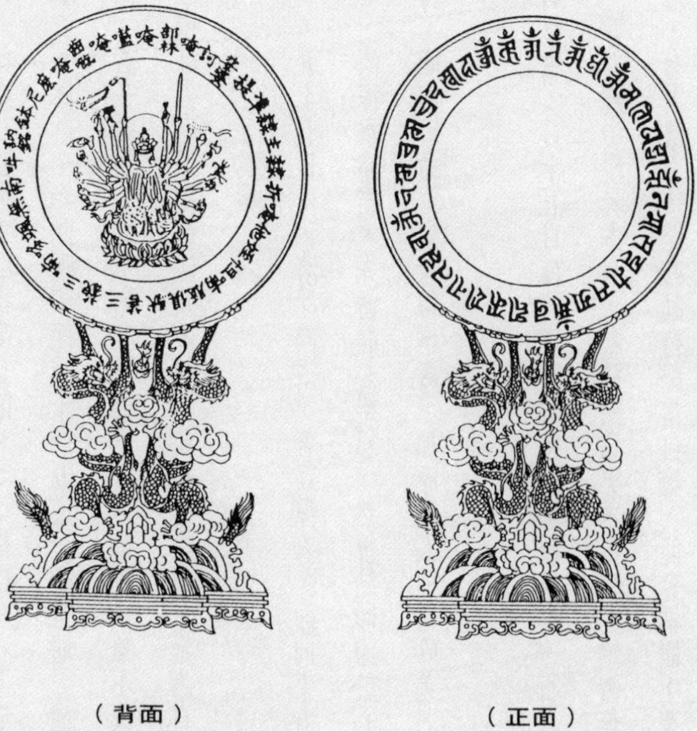

（背面）　　（正面）

準提鏡壇

言，則爲總攝二十五部大曼荼羅尼印。此即以二手無名指、小指相叉於內，二中指直豎相拄，二頭指（食指）屈附二中指第一節。二母指捻左右手無名指中節。若有召請，二頭指來去。佛言：「此呪印能滅十惡五逆一切重罪，成就一切白法，具戒清潔速得菩提。若在家人，縱不斷酒肉妻子，但依我法無不成就。」

此外，在相關經中詳列有準提修法及效驗，玆將與除病、延壽有關之部分略舉於后：

「佛言欲持此呪，於十五日夜，清淨澡浴、著新淨衣，面向東方半跏正坐。置鏡在前，隨有香華、清淨水諸物，先當靜心絕思。然後結印印於心上，誦此呪一百八遍。誦此呪時，能使短命眾生還得增壽，加摩羅疾尚得除差，何況餘病。若不消差無有是處。」

「佛言短命多病眾生，月十五日夜，燒安悉香，誦呪結印一百八遍，魔鬼、失心、野狐、惡病，皆於鏡中現其本身，殺放隨意更再不來，增壽無量。」

「佛言此陀羅尼，有大勢力，至心誦持必當自證，能令枯樹生華，何況世間果報。若常誦持，水火、刀兵、怨家、毒藥皆不能害。若卒爲鬼神傷死，結印誦呪七遍，以印印心皆令卻活。」

「佛言若人欲長生，於古塔及深山中，或淨房內依鏡爲壇，具滿二四六十萬遍。青蓮華和安悉香燒，於睡夢中夢食仙藥，或授仙方或於鏡中有五色光，光中有藥隨意取食，即得長生。」

「又法若人患鬼魅病，取楊柳枝或茅草。誦真言拂患者身，即得除癒。」

「又法若患重病者，誦真言一百八遍，稱彼人名以牛乳護摩即差。」

「又法先加持白芥子一百八遍，然後取芥子，誦真言一遍一擲打彼鬼魅者，滿二十一遍，其鬼魅馳走，病者除癒。」

「又法若有患鬼，以瞿摩夷塗一小壇，以麩炭畫地作鬼魅形，誦真言以石榴等鞭之，彼鬼啼泣馳走而去。」

「又法若人被鬼魅所著，或復病者，身在遠處不能自來，或念誦人又不往彼，取楊柳枝或桃枝或花，加持一百八遍，使人將往病人所，以枝拂病人，或以花使病人嗅，或以花打病人，是魅即去，病者除差。」

「又法若在路行，誦此真言，不被賊劫傷損，亦離諸惡禽獸等難。」

「又法國中有疫病，七夜以油麻粳先和酥蜜作護摩，即得災滅國土安寧。」

再則，此尊尚存有布字法傳世，據《七俱胝佛母所說准提陀羅尼經》所傳，行者須「從頂至足觀一一真言字，屈曲分明流出光明，照六道四生輪迴有情，深起悲愍施與安樂，用陀羅尼九字，布列於行者身。即成以如來印、八大菩薩所加持身。若作息災、增益、降伏、敬愛隨四種法所謂白、黃、黑、赤成既悉地。即結布字印：二手內相叉，二大指、二頭指、二小指相合即成。想唵字安於頂以大母指觸頭上；次想兩目童人上俱想者字，復以大母指觸右左眼上；次想禮字，安於頸上用大母指觸；次想主字，當心以大母指觸；次想禮字，安左右肩以大母指觸；次想准字，安臍上以大母指觸；次想泥字，安右左兩髀上以小指觸；次想娑嚩字，安右左兩髀上以小指觸；次想賀字，安右左二足掌用小指觸。

由想布真言結印加持故，行者身即成准泥佛母身，滅除一切業障，積集無量福德吉祥，其身成金剛不壞體，若能常專注觀行，一切悉地皆得見前，速證無上正等菩提。

十八臂準提觀音

⊙準提觀音的形像

準提菩薩的圖像，有二臂、四臂……至八十四臂等九種。不過，一般佛教徒所供奉的圖像，大抵以十八臂三目者爲多。

《阿娑縛抄》所舉爲八臂像：立像頂上安置化佛，二手合掌，左第二手蓮華，第三手索，第四手掌向外，指先下垂。右第二手握錫杖，第三手白拂，第四手如左。

在《七佛俱胝佛母所說准提陀羅尼經》所記載爲十八臂像，其身呈黃白色，結跏趺坐於蓮花上，身佩圓光，著輕縠衣，上下皆爲白色，有天衣、角絡、瓔珞、頭冠等莊嚴，十八臂皆著螺釧，面有三目。上二手作說法相，右第二手作施無畏，第三手執劍，第四手持寶鬘，第五手掌上置俱緣果，第六手持鉞斧，第七手執鈎，第八手執金剛杵，第九手持念珠；左第二手執如意寶幢，第三持開敷紅蓮花，第四手軍持，第五手羂索，第六手持輪，第七手商佉，第八手賢瓶，第九手掌上置般若梵篋。

準提觀音

有些人見到準提像時，往往誤以爲是千手千眼觀音（Sanasrabhujāryavalokitesvarah），但千手觀音通常都是十一面或二十七面四十臂（加上合掌、定印之二手則爲四十二臂），而且各手所持的物品也與準提菩薩不同，應當可加以區分。

西藏所傳的準提觀音有四臂像，結跏趺坐於蓮花上，左右之第一手安於膝上持鉢右第二手下垂作施無畏印，左第二手屈於胸前，執蓮花，花上安置一梵篋。

錫蘭所傳的準提觀音銅像爲四臂像，頂戴定印之化佛，左第一手安於臍前，第二手持寶珠；右第一手執獨鈷杵，第二手上舉，拇指與無名指相捻。乳部豐滿，表佛母之相。

爪哇的婆羅浮圖（Borobudur）壁面浮彫中，則可見四臂及六臂像。四臂像左右第一手結定印，左第二手持梵篋，右第二手持數珠。又，六臂像趺坐獅子座，左第三手和第二手破損，看不出原來執持何物；左第一手持蓮華，第二手持寶瓶珠，右第一手呈與願印，第三手持數珠。此外，另有十四臂、六臂等像。

又據《大明陀羅尼經》記載之准提求願觀想法，行者依所求不同，可觀二臂、六臂、八臂、或八十四臂：「若求不二法門者，應觀二臂。若求四無量，當觀四臂。若求六通，當觀六臂。若求八聖道，當觀八臂。若求十波羅蜜圓滿十地者，應觀十臂。若求如來普遍廣地者，當觀十二臂。若求十八不共法者，應觀十八臂，即如畫像法觀世。若求三十二相，當觀三十二臂。若求八萬四千法門者，應觀八十四臂。」

以此尊爲本尊之修法，稱爲準提法、準提獨部法，能爲除災、治病、延壽等所修的法門。依據《七俱胝佛母准提大明陀羅尼經》等所記載，誦持准提咒庇護，生生世世離諸惡趣，速證無上菩提。

◎準提觀音的種子字、真言

種子字：（bu）

【真言】

根本眞言

南無① 颯哆喃三藐三勃陀俱胝南② 怛姪他③ 唵④ 折隸⑤ 主隸⑥ 准提⑦

莎訶⑧

namaṛ① saptānāṁ-samyaksambuddha-koṭīnāṁ② tadyntā③ oṁ④ cale⑤
cule⑥ sundhe⑦ svāhā⑧

歸命① 七千萬正等覺② 即說③ 唵④ 覺動⑤ 起昇⑥ 清淨⑦ 成就⑧

第二根本印

唵① 迦麼黎② 尾麼黎③ 准泥④ 娑嚩賀⑤

oṁ① kamale② vīmale③ sundhe④ svāhā⑤

歸命① 蓮華② 無垢③ 清淨④ 成就⑤

四臂觀音

【特德】 四臂觀音為藏地密教的重要怙主，而其六字大明咒廣傳於漢、藏各地，憶念其名，即得罪垢消除，護命延壽，功德利益非常廣大。

四臂觀音，梵名Ṣaḍakṣarī-lokeśvara，意為具六音聲觀自在菩薩，是藏密大悲觀音的主尊，為密乘行者必修的法門。與文殊菩薩、金剛手菩薩合稱「三族姓尊」，分別代表大悲、大智、大力。居雪域怙主地位，是藏地密教的首位依怙尊。

在藏傳佛教中，以此尊爲「嗡嘛呢貝昧吽」六字大明咒的主尊。而六字大明咒可說是中國與西藏傳弘最廣的真言，尤其在藏地其普遍性與重要性，猶如漢地的「南無阿彌陀佛」，藏人往往將其遍刻在各地石崖、墻壁之上，以方便過往行商旅人念誦。

在《大乘莊嚴寶王經》記載，釋迦牟尼佛在過去世時，曾爲此六字大明陀羅

四臂觀音

尼，遍歷微塵數世界，並供養了無數百千萬俱胝那庾多佛，可是於彼諸如來處，不但不得此六字大明咒，連聽聞也未曾聽聞過。爲此，釋迦菩薩在彼時的寶上如來尊前哀傷的涕淚悲泣。於是，寶上如來就慈悲的告訴菩薩，前往蓮華上如來處所，彼如來知此六字大明咒。

釋迦菩薩辭離了寶上如來後，便往詣蓮華上如來佛剎，至誠祈求：「唯願世尊與我六字大明陀羅尼，彼真言王，一切本母，憶念其名，罪垢消除，疾證菩提。爲於此故，我今疲困，我往無數世界而不能得，今迴來於此處。」

於是蓮華上如來應菩薩所請，演說六字大明陀羅尼廣大不思議功德，並說：「此法微妙，加行觀智一切相應，汝於未來當得是微妙心法，彼觀自在菩薩摩訶薩善住如是六字大明陀羅尼。」接著告訴釋迦菩薩，蓮華上如來自身求受此大明咒的因緣。

蓮華上如來往昔也像釋尊一樣，曾遍歷了無數世界後，才至無量壽如來所，爲求法故涕泣流淚。於是無量壽如來就請觀世音菩薩，授予蓮華上如來此六字大明咒法。

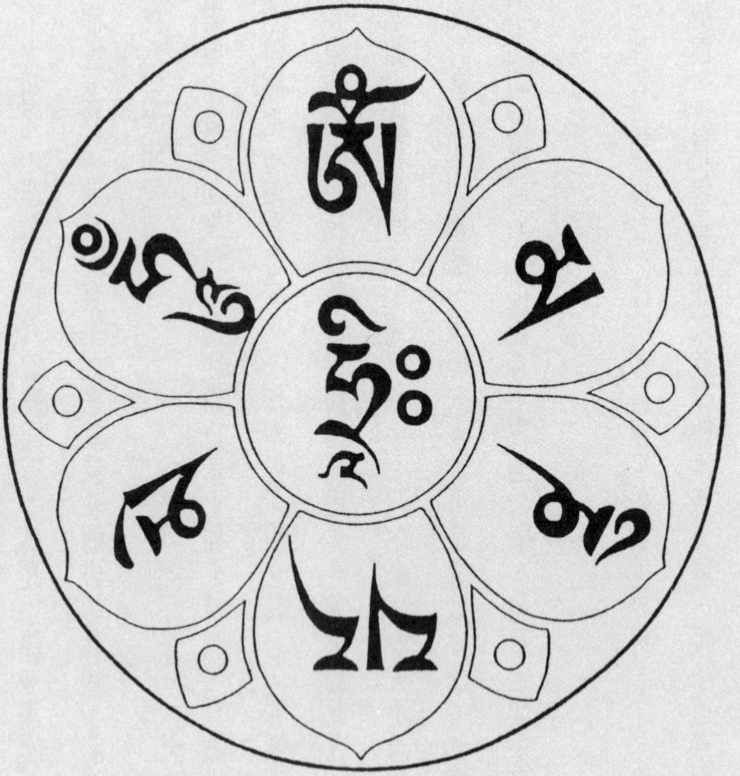

六字大明咒咒輪

因此，此六字大明咒陀羅尼，乃是蓮華上如來往昔於無量壽如來所，從觀世音菩薩求得，再授予當時的釋尊。

六字大明咒有不可思議的廣大功德利益，有說此六字明咒分別濟度六道眾生，並將之擬配六波羅蜜與五方佛，茲簡述如下：

ཨོཾ 嗡（OṀ）：爲白色，象徵本尊之智慧，屬於禪定波羅蜜多，能除慢心，不再轉生於天道，對應南方寶生佛。

མ 嘛（MA）：爲綠色，象徵本尊之慈悲心，屬於忍辱波羅蜜多，能除嫉妒心，不再生阿修羅道，對應北方不空成就佛。

ཎི 呢（NI）：爲黃色，象徵本尊之身、口、意、行及特德，屬於持戒波羅蜜多，能除我執，不再受生人道，對應金剛總持。

པད 貝（PED）：爲藍色，象徵本尊之平等性，屬於般若波羅蜜多，能除痴心，不再受生畜牲道，對應毗盧遮那佛。

མ 咩（ME）：爲紅色，象徵本尊之大樂，屬於布施波羅蜜多，能除貪心，不再受生餓鬼道，對應西方阿彌陀佛。

ཧཱུྃ 吽（HUNG）：為黑色，象徵本尊之悲心，屬於精進波羅蜜多，能除瞋心，不再受生地獄道，對應東方阿閦佛。

⊙四臂觀音的形像

四臂觀音像，一面四臂，身白如月，頭戴五佛冠，黑髮結髻。中央二手合掌於胸前，捧有摩尼寶珠；右下手持水晶念珠，左下手拈八瓣蓮花，與耳際齊。面貌寂靜含笑，以菩薩慧眼凝視眾生，凡被觀者都能盡得解脫。其左胸上被覆鹿皮披肩，身著五色天衣，下裳著紅色綢裙，腰繫寶彩帶，全身花蔓莊嚴，並飾以耳環、手釧、臂、腳鐲圈等物，珠寶瓔珞第一串繞頸、第二串及胸、第三串及臍。雙足跏趺坐於蓮花月輪上。

或有說其一頭表通達法性、法界一味，四臂表四無量心，身白色表自性清淨無垢，不為煩惱、所知二障所障，頭戴五佛冠表五智，髮黑色表不染，五色天衣表五方佛，紅色綢裙表蓮花種性、妙觀察智，耳環以下為六種莊嚴表六度。

瓔珞第一串繞頸表不動如來由禪定成就而來，第二串及胸表寶生如來由布施成就而來，第三串及臍表不空成就如來由精進成就而來。全身花蔓莊嚴表萬行。雙跏趺表不住生死，手印表不住涅槃。又中央二手合掌於胸前，代表智慧與方便合一雙運，另右手持水晶念珠。代表每撥一珠即救度一眾生出離輪迴，另左手持蓮花，代表清淨煩惱。

⊙四臂觀音的真言

【真言】

梵文：唵① 摩尼② 鉢頭迷③ 吽④

oṁ① maṇi② padme③ hūṃ④

歸命① 寶珠② 蓮華③ 吽（摧破之義）④

藏文：嗡嘛呢貝昧吽

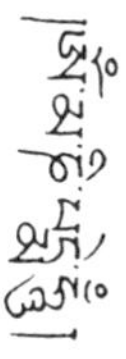

葉衣觀音

葉衣觀音大悲護佑眾生，修此尊法能除一切疫疾、戰亂，並能增長福德，長壽無病。

【特德】

葉衣觀音（梵名 Parṇaśavari）是披葉衣的意思。又稱爲葉衣觀自在菩薩、被葉衣觀音、葉衣菩薩。是觀音的變化身之一，在三十三觀音中爲第三十二尊。因全身裹於蓮葉中，所以稱葉衣觀音。

據《葉衣觀自在菩薩》所述，葉衣觀自在菩薩摩訶薩陀羅尼，乃觀自在菩薩在極樂世界的法會中，應金剛手菩薩的請求而宣說的。經中並說此陀羅尼不但能除諸有情之疫疾飢儉、劫賊刀兵、水旱不調、宿曜失序等一切災禍，並有增長福德、國界豐盛、人民安樂等等殊勝功德。

在經中並說，如果欲求長壽無病者，應在氈上畫葉衣觀自在菩薩像，置於道

葉衣觀音

場中，每日以香華飲食旋繞、供養、發願，如此常得菩薩加持，滿其所願。其中並特別爲國王男女難長難養，或被短壽疾病所纏，寢食難安者所說之修法。

以葉衣觀音爲本尊，念誦《葉衣觀自在菩薩經》，可祛除各類疾病，稱爲葉衣法。若用以祈求國王大臣之長壽無病，則稱葉衣鎮；若以此爲安鎮宅第之修法，則稱鎮宅法。

⊙葉衣觀音的形像

葉衣觀音於胎藏曼荼羅中位列觀音院內，密號異行金剛，全身呈肉色，左手持索，右手執杖。右膝屈立，坐於赤蓮花上。三昧耶形爲未開敷蓮華杖；印相則爲右手與願印，左手持羂索。

在《葉衣觀自在菩薩經》另描述其尊形爲「其像作天女形，首戴寶冠，有無量壽佛。瓔珞、環釧莊嚴其身。身有圓光，火焰圍遶。像有四臂，右第一手當心持吉祥果，第二手作施願手；左第一手持鉞斧，第二手持羂索，坐蓮華上。」此外，《白寶口抄》也舉《祕藏記》所云爲身白肉色，左手取羂索，右手執未開敷蓮華。又說右手有持如意幢者。

◎葉衣觀音的種子字、真言

種子字：（sa）或（hūṃ）

【真言】

唵① 跛哩娜捨嚩哩② 吽 發吒③

oṃ① parṇaśavari② hūṃ phaṭ③

歸命① 葉衣② 吽發吒（摧破諸障）③

白度母

修持白度母法能斷生死輪迴之根，免除八難、魔障、瘟疫、病苦，並得壽命、福慧增長，所求無不如意。

【特德】

白度母（梵名Sita-tārvā），又稱爲增壽救度佛母，與無量壽佛、佛頂尊勝佛母合稱爲長壽三尊。爲觀音悲心之示現，是聖救度母的二十一尊化身之一。在西藏綠度母與白度母，是二十一尊度母中流傳最廣的，傳說藏王棄宗弄贊（Sroṇ-bstan-sgam-po）的妃子文成公主即爲白多羅菩薩（Sgrol-ma-dkar-po，白度母）的化身。

白度母身如皎月，具有救度八難的威德。她的面、手、腳共具七目，所以也稱爲七眼佛母。此外也有認爲其爲阿彌陀佛左眼所化現。

在《白救度佛母讚》中對白度母的身形、功德有詳細的頌揚，依讚頌言：「

白度母

納摩至尊聖救度佛母

唵救度輪迴答[阿]哷母・以都[答] 答[阿]哷脫八難

一切病愆都哷救　救度母前敬讚禮　白淨蓮華之中間　其上敷陳月輪座

坐現金剛跏趺母　施願母前致敬禮　面如秋月光明相　佛母身依皓魄輪

一切莊嚴俱滿足　持優鉢花前敬禮　體相具圓十六歲　一切正覺彼之子

勝躬持施隨欲應　敬禮救度聖母前　皎潔白輪光色白　八輻條上現八字

而有普同旋轉相　向具輪前至敬禮　一切刹土皆清淨　多寶花遍佈其中

誕生三世諸佛母　是母尊前致敬禮　聖母度母救度母　增益壽母如意輪

佛母尊前勇祈禱　爲消我等壽緣魔　病及一切苦難中　仗爾有能祈保護

勝及通常諸成就　爲皆賜我盡無餘　聖母尊前誠敬者　彼常憶念悉如子

尊前我亦致禱祝　惟祈常持慈悲鉤　佛母勝身如月色　窈窕柔善體端嚴

妙相俱著寶莊飾　而以佳絹爲裙裳　蓮華月輪寶座上　兩足金剛跏趺坐

一面二臂具喜顏　生三世諸佛之母　佛母尊前常與跪　今在尊前以微讚

所爲我等修道時　從此以往至菩提　消除其中諸逆緣　願於順緣獲豐足

唵答(阿)呼都(答)答(阿)呼都(呼)嘛嘛阿俞(喇)逋(吶)葉(雜尼阿鴉)納逋(斯)真沽嚕葉娑訶」

由此讚偈可知，白度母可消除危害眾生壽命的因緣、魔障，於一切疫病及苦難中護佑眾生，使圓具一切順緣。

⊙白度母的造形

在藏密造像中，白度母一頭二臂，身白色，頭戴五佛冠，髮烏黑，三分之二挽髻於頂，三分之一成兩綹披於兩肩。右手置膝施接引印，左手當胸，以三寶印捻烏巴拉花。花沿腕臂至耳際，共有三朵，一朵含苞，一朵半開，一朵全開，代表三寶，或表白度母是出生救度八難的一切三世諸佛之母。

身著五色天衣綢裙，耳環、手釧、指環、臂圈、腳鐲具足。寶珠瓔珞第一串繞頸，第二串繞胸，第三串繞臍。全身花鬘莊嚴，細腰豐乳，如十六妙齡少女。身發如意白光，雙跏趺坐於蓮花月輪上。

白度母七眼中額上的眼睛，觀十方無量佛土，盡淨空界無有障礙，其餘六目觀察六道眾生，凡被她所觀者皆得解脫。手腳掌心的四個眼睛，代表四解脫之目觀救眾生。右手以施接引印，代表贈施和平事業及八大聖圓滿覺悟之意。左手三寶印，象徵救度八難之意。月光靠背象徵已斷煩惱三毒，雙跏趺坐代表無煩惱之意。

在《贊白度母經》中說：修持白度母法，能增長壽命及福慧，斷生死輪迴之根，免除一切魔障瘟疫病苦，凡有所求無不如願。

◎白度母的真言

嗡　達列　都達列　都列　班雜　阿優　刻　梭哈

藏文：ཨོཾ་ཏཱ་རེ་ཏུཏྟཱ་རེ་ཏུ་རེ་མ་མ་ཨཱ་ཡུ་པུཎྱེ་ཛྙཱ་ན་པུཥྚིཾ་ཀུ་རུ་སྭཱ་ཧཱ།

勝樂金剛

【特德】 勝樂金剛為藏密的重要之本尊之一，在勝樂金剛的長壽成就法中，以白色勝樂金剛為本尊，修其法可得壽命自在。

勝樂金剛（梵名：Samvara，藏名：།བདེ་མཆོག་ཧེ་རུ་ཀ། bde-mchog），亦名上樂金剛。勝樂金剛有七十二種身相，常見的四面十二臂，還有一面二臂、一面六臂和黃色上樂等，都是雙身像。

勝樂金剛，通常是四面十二臂，四面顏色分別爲白、黃、紅、藍，表意分別爲息災、增益、敬愛、降伏四德。面有三目，頭戴五佛頭骨冠，身著虎皮裙。髮束髻，髮髻前有十字杵，頭頂有一法輪，上有摩尼寶莊嚴，頭頂左上方有一白色半月。身掛五十個乾濕人頭骨鬘和人骨念珠做成的佩飾，象徵梵文五十個字母，即具足完全的佛教經典教理。其有十二隻手臂，分別持有金剛杵、金剛鈴、象皮

勝樂金剛

、斧、人頭骨碗、月形刀、套索、三叉戟、手鼓、人骨棒等法器。兩腳一伸一彎，右腳踏著大自在天妃，左腳踏著大自在天，表示降伏了憤怒和貪欲。明妃爲紅色一面二臂的金剛亥母（Vajravarāhi），紅臉三目，手持鋼刀、顱器，也以五十人頭骨鬘作佩飾。

勝樂金剛頭戴五骷冠，表成就五智，勝樂髻上半月，表喜樂無盡，不斷增長。亥母頂上豬頭，表大痴法界體性智，三目表三世智，獠牙表辯才無礙，虎皮裙表無畏解脫，交手執鈴杵，表方便智慧雙運。

勝樂金剛以濕人首爲鬘，表報身佛受用空樂。亥母以乾人首爲鬘，表法身體性常寂。五十數表證五道十地。左足屈，表根本定，不住生死。右足伸，表後得定，不住涅槃，而行大事。踏大自在天父母，表調伏彼等外道及眾生之我執，而得成就。雙尊立於日、月輪蓮花座上，分表智、悲與出離三界之塵染。

修此本尊法可得即身成就，誠乃無上大法。在《密乘法海》中，尚有勝樂金剛的長壽成就法：「無上安樂白色金剛長壽成就法」，此法以白色勝樂金剛爲本尊。

金剛亥母

根據經上所說，修持金剛亥母法，可去除煩惱、所知二障，開啟俱生智，調理氣脈和明點，得證無死虹身，為解脫輪迴之不二法門。

【特德】

金剛亥母（梵名Vajravarahī，藏名Dorje Padmo），音譯爲多傑帕摩，藏名音譯爲多傑帕摩因尊爲豬頭人身，故名爲亥母。

其身紅色，一面二臂，紅光熾燃徧滿十方三世，右手執金剛鉞刀，左持盛滿鮮血的顱器，左肩斜依卡章嘎（天杖），狀若十六妙齡童女，兩乳突出，三目圓睜，面現忿怒顰紋，獠牙緊咬下唇，髮黑微黃豎立，戴五骷髏冠，五手印飾等骨飾作爲莊嚴，頸帶著五十個新鮮首鬘，並以小鈴花朵兩嚴飾，以舞蹈姿，踡右足懸空，伸左足立於蓮花日輪屍座。

金剛亥母身上的莊嚴器皆有不同的象表徵意義中有說：其示現一頭表示諸法

金剛亥母

一味，頂上豬頭，表大癡的法界體性智，三目表三世智，獠牙表辯才無礙，二臂左表智慧右表慈悲（方便），身色紅色表諸魔極怖畏，身紅光滿十方三世表吸攝依正二報精華。鉞刀表斷除煩惱之智慧刀，顱器表當供養之甘露。天杖表與勝樂金剛。天杖上所具三人頭表法報化三身。舞立姿表歡樂。示現妙齡童女表示永遠精進，純真清淨。兩乳突出表二資糧圓滿，怒容表調伏四魔，五十首鬘表法身體性常寂，小鈴眾骨表示不住於生死涅槃二邊。五手印飾與踏屍表示六度圓滿，降伏自身我執。

空行母乃空樂根本，爲一切成就根本之本源。空行母表般若妙智，所以修之易與空性相應，修行者依上師所教授，修習生起、圓滿等次第，進而成就悉地。

根據經上所說，修持金剛亥母法，可去除煩惱、所知二障，開啟俱生智，調理氣脈和明點，得證無死虹身，爲解脫輪迴之不二法門。

第三章 明王部

不動明王

【特德】

不動明王對護持眾生的命根，有殊勝的功德，其種子字[illegible]為風輪，代表出入命息，是延壽之意，能除夭死、大疫病及大厄災難。

不動明王（梵名Acalanātha），密教五大明王之一或八大明王之一，又稱不動金剛明王、不動尊、無動尊、無動尊菩薩，密號為常住金剛。

不動明王，通常被視爲是大日如來的應化身，受如來的教命，示現忿怒相，常住火生三昧，焚燒內外障難及諸穢垢，摧滅一切魔軍冤敵。

在《勝軍不動儀軌》中，不動明王的誓願爲：「見我身者，得菩提心；聞我名者，斷惑修善，聞我說者，得大智慧；知我心者，即身成佛。」

除此之外，不動明王對護持眾生之命根，也有殊勝的功德。

在《勝軍軌》中說：「不動法者，能護菩提心之意也，即護諸佛菩薩眾生菩提。護諸佛菩提者，凡菩提心體是第八識也，此識即諸佛也，此識無始無終，號無量壽佛，一切眾生命根者皆第八識上持之，此命根護令不動，即不動明王也。護眾生菩提者，凡持世界事風輪所爲，一切眾生壽者，即息風也，息止者死故，不動護佛界息眾生息也。」

在《深秘口決》中更說，不動明王的種子字，代表了延長一切眾生壽命的本誓：「以  字用種子故，此不動明王殊有延壽命本誓，謂  字風輪種子也，人壽者即息也，息者是風也。疏十云：命者所謂風，風者想也，想者念也，如是命根出入息之想，出入命息  字風輪也，是延壽意也。故立印軌云，又正報盡

不動明王

者能延六月住，依此文修延命法也。」

在《覺禪鈔》中亦提到此尊除頓死災難之事：「鳥羽院御時，天下頓死頻也，仍召法務爲止彼死難，可修何法乎？可勘申法務被申云：可被修不動法也。軌云：除夭死法，以骨濾草搵蘇乳蜜，護摩滿一十萬返，能除大厄難，所謂國人民疾疫行夭折，故名夭死難。

又云：除死災法，以乳作護摩，一千返爲限，能除死災難。」

《底哩經》也說：「又俱屢草和蘇乳蜜等沃火中燒十萬遍，能除大疫病。」

而不動明王的三昧耶形右手執劍，代表能斷壞眾生生死業愛煩惱，所以持利刃承如來忿怒之敕命，盡欲殺害一切眾生，又以利慧刃斷眾生業壽無窮之命，令得大空生命。

另外，在《大日經疏》卷五中則敍述，不動尊雖久已成佛，但以三昧耶本誓願故，示現奴僕三昧，爲如來僮僕執作眾務，所以又名不動使者、無動使者，受行者的殘食供養，常晝夜擁護行者，令成滿菩提。

不動明王的眷屬，最主要的有二童子、八童子或四十八使者等。

不動明王與二童子

其中的二童子是指矜羯羅與制吒迦童子，八大童子則是指慧光童子、慧喜童子、阿耨達菩薩童子、指德菩薩童子、烏俱誐婆童子、清淨比丘童木及矜羯羅、制吒迦二位童子。

不動尊的信仰，透過密教的傳播，在印、中、日、韓、西藏、蒙古等地皆有。尤其在日本，不動明王受到民間熱烈的崇拜，到處可見不動明王尊像、曼荼羅及供養法。

⦿不動明王的尊形

在不同的經典、傳承中，不動明王有諸多不同法相，隨緣示現。據《大日經》〈具緣品〉、《底哩三昧耶經》等所述，其右手持劍，表示斷除煩惱魔、左手持索，表示自在方便，頂上有七髻，安坐於磐石上，爲最常見的身相。

其他如，《不動使者法》中說：「當畫不動使者，身赤黃色，上衣斜帔青色，下裳赤色，左邊一髻黑雲色，童子相貌。右手執金剛杵，左手執羂索，口兩邊微出少牙，怒眼赤色，火焰中坐石山上。」

不動明王

而《底哩法》中則記載：畫不動尊，著赤土色衣，左垂辮髮，眼斜視，童子形。右手執金剛杵當心，左手執寶棒，眼微赤，坐蓮華上，瞋怒相，遍身火焰。另外，不動明王也有多臂的法像，如《安鎮軌》中描述：「作四臂大嚴忿怒身，紺青色洪滿端嚴，目口皆張，利牙上出，右劍左索，其上二臂在口兩邊，作忿怒印，身處八輻金剛輪。」在世間的十二天中，則以此四臂的不動尊為首領。

⊙不動明王的種子字、真言

種子字：（hmmāṃ）或（hāṃ）或（hūṃ）

【真言】

中咒（慈救咒）

曩莫① 三曼多縛日羅赧② 戰拏③ 摩訶路灑拏④ 薩頗吒也⑤ 吽⑥ 怛羅迦⑦ 悍漫⑧

namaḥ① samanta-vajrāṇāṃ② caṇḍa③ mahā-roṣaṇa④ sphaṭaya⑤ hūṃ
⑥ traka⑦ hāṃm āṃ⑧

歸命① 普遍諸金剛② 暴惡③ 大忿怒④ 破壞⑤ 吽（恐怖之義）⑥ 堅固⑦
悍漫（種子）⑧

小咒

南麼① 三曼多伐折囉赧② 悍③

namaḥ① samanta-vajrāṇāṃ② hāṃ③

歸命① 普遍諸金剛② 悍（種子）③

施食真言

曩莫① 三曼多縛日羅赧② 怛羅吒③ 阿謨伽④ 戰拏⑤ 摩賀路灑儜⑥ 娑
頗吒野⑦ 吽⑧ 怛羅麼野⑨ 吽⑩ 怛羅吒⑪ 唅鋡⑫

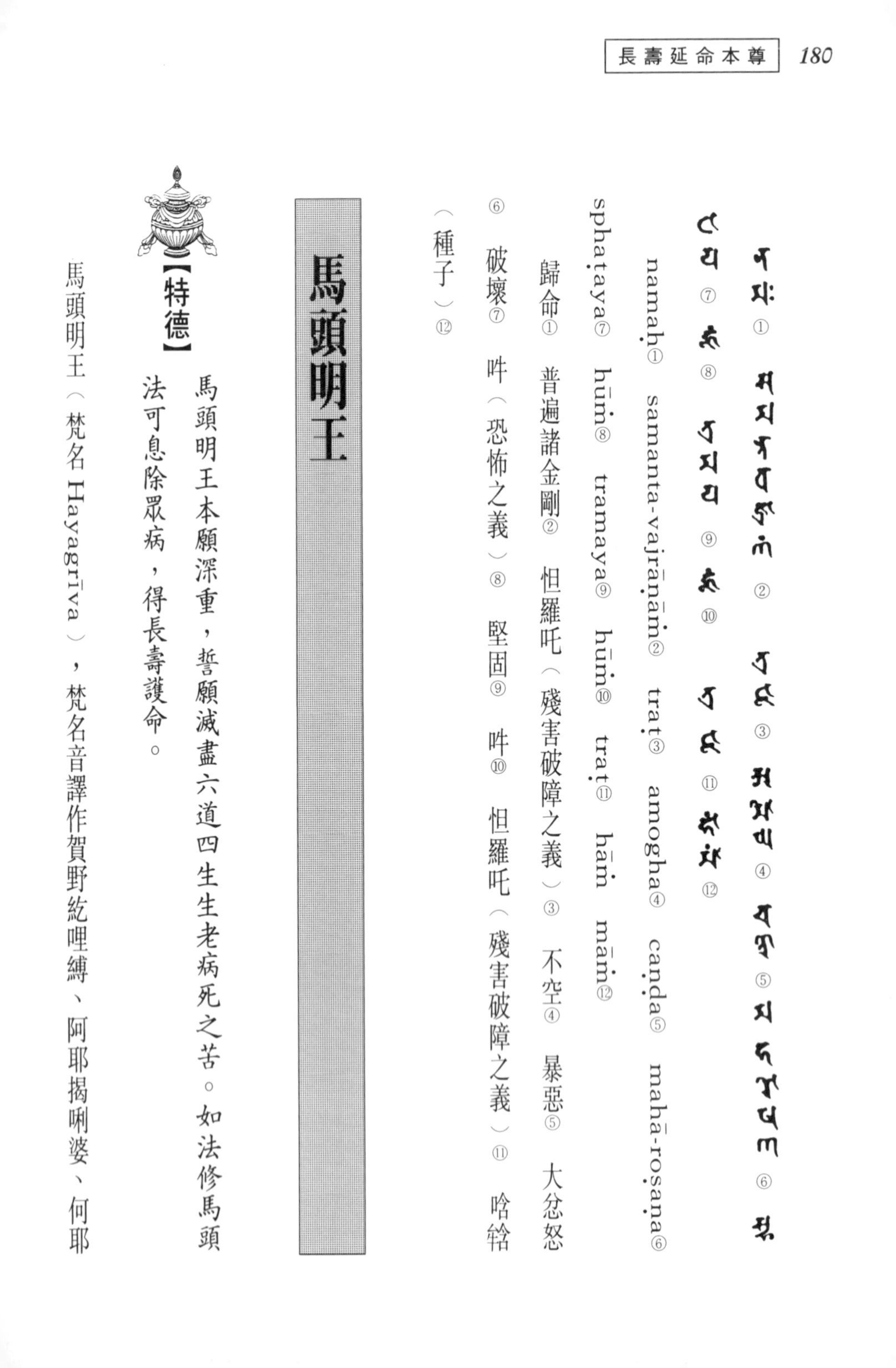

namaḥ① samanta-vajrāṇāṁ② traṭ③ amogha④ caṇḍa⑤ mahā-roṣaṇa⑥ sphaṭaya⑦ hūṁ⑧ tramaya⑨ hūṁ⑩ traṭ⑪ hāṁ māṁ⑫

歸命① 普遍諸金剛② 怛羅吒（殘害破障之義）③ 不空④ 暴惡⑤ 大忿怒⑥ 破壞⑦ 吽（恐怖之義）⑧ 堅固⑨ 吽⑩ 怛羅吒（殘害破障之義）⑪ 唅鋡（種子）⑫

馬頭明王

【特德】 馬頭明王本願深重，誓願滅盡六道四生生老病死之苦。如法修馬頭法可息除眾病，得長壽護命。

馬頭明王（梵名 Hayagrīva），梵名音譯作賀野紇哩縛、阿耶揭唎婆、何耶

馬頭明王

揭唎婆，音譯爲大力持明王。此尊爲八大明王之一，是密教胎藏界三部明王中，蓮華部的忿怒持明王。位於胎藏現圖曼荼羅觀音院內，又稱爲馬頭大士、馬頭明王、馬頭金剛明王，俗稱馬頭尊。密號爲噉食金剛、迅速金剛，與《摩訶止觀》中所說六觀音的師子無畏觀音相配，在六道中是畜生道的救護主。

馬頭明王以觀音菩薩爲自性身，示現大忿怒形，置馬頭於頂，爲觀世音菩薩的變化身之一。因爲慈悲心重，所以摧滅一切魔障，以大威輪日照破眾生的暗暝，噉食眾生的無明煩惱。

在《聖賀野紇哩縛大威怒王立成大神驗供養念誦儀軌法品》卷上說：「賀野紇哩縛（馬頭觀音）能摧諸魔障，以慈悲方便，現大忿怒形，成大威日輪，照曜無邊界，修行者暗暝，速得悉地故，流沃甘露水，洗滌藏識中，熏習雜種子，速集福智聚，獲圓淨法身，故我稽首禮。」

同上儀軌品中又說其：「我大慈大悲馬口本願深重故，化一切眾生專勝諸尊。由大慈故不著生死，由大悲故不住涅槃。常住無明諸境界中，斷盡種種諸惡趣，滅盡六道四生生、老、病、死之苦，又能噉食滅盡，取事近喻如羸飢馬食草，

馬頭明王

更無他念。此本願力故，十方刹土無不現身。」而且「若纔憶念是威怒王，能令一切作障難者，皆悉斷壞，一切障者不敢親近，常當遠離。是修行者所住之處四十里內，無有魔事及諸鬼神等，與諸大菩薩共同得止住。」由此可知此尊之悲願深重及大威勢力。

在《何耶揭利婆像法》中說，修持馬頭觀音法，能得十四千歲壽命，得七寶轉輪聖王位，命終後生安樂國。

此外，經中又說以此咒之藥塗於路陀瘡（古時患此瘡者必死），即可得差，一切怖畏心即除。

經中並說：「賀耶揭哩婆療病印，即三手內縛豎二中指頭，相合並屈二大指，各以二頭指屈頭指甲皆背相著。」

在《何耶揭唎婆像法》中，描述馬頭明王有四面三臂之造像：中菩薩面極令端正，作慈悲顏，顏色赤白，頭髮純青。左邊一面作大瞋怒黑色之面，狗牙上出，頭髮微豎如火焰色。右邊一面作大笑顏，赤白端正菩薩面，頭髮純青。三面頭上各戴天冠及著耳璫。其天冠上有一化佛結跏趺坐，中面頂上作碧馬頭，仍令合

馬頭明王

口。左手屈臂當乳前把紅蓮花，其華臺上作一化佛，正著緋袈裟，結跏趺坐，項背有光。右手仰掌擎真陀摩尼（如意寶），其珠團圓，如作白色，赤色光炎圍繞其珠。於其右手正當珠下，雨種種寶。端身正立紅蓮華上。

另於《大神驗供養念誦儀軌法品》卷下也有作四面八臂乘水牛像，據此品所載，當可鑄作一金剛威怒王像，隨意大小。其像形現四面八臂，四口每出現上下利牙，八手把金剛器杖，正面頂上現一碧馬頭。頭髮如螺焰，大暴惡形，乘青水牛，牛背有蓮華形，蹲坐蓮華形上，遍身火焰焖然超越劫災。大威怒王降伏三世之敵，妙形如斯。

在《大聖妙吉祥菩薩秘密八字陀羅尼修行曼荼羅次第儀軌法》則述有三面八臂像爲：東北角繪馬頭明王。面有三面，八臂執諸器杖。左上手執蓮華，一手握瓶，一手執杖當心。以二手結印契。右上手執鉞斧，一手持數珠，一手執索。輪王坐蓮華中，呈大忿怒相，現極惡猛利之勢。

馬頭觀音的形像，雖然都具有頭載白馬頭之共同形相，但其面部表情，或作忿怒狀或作大笑顏狀，與一般菩薩的表情有所不同。

馬頭觀音的尊形有一面二臂、一面四臂、三面二臂、三面八臂、四面八臂等多種不同形像。其中一面二臂者，二臂或合掌或結施無畏印。《覺禪鈔》引《不空羂索經》說其左手執鉞斧，右手執蓮華。然亦有左手執蓮，右手握棒或左手結施無畏印，右手執蓮者。

以此菩薩爲本尊，爲祈禱調伏惡人、眾病息除、怨敵退散、議論得勝而修之法，稱馬頭法。其三昧耶形爲白馬頭，印相爲馬頭印。

⊙馬頭明王的種子字、真言

種子字：（haṁ）或（khā）或（hūṁ）

【真言】

南麼① 三曼多勃馱喃② 佉那也③ 畔惹④ 娑破吒也⑤ 莎訶⑥

namaḥ① samanta-buddhānāṁ② khādāya③ bhaṁja④ sphaṭya⑤ svāhā⑥

歸命① 普遍諸佛② 噉食③ 打破④ 破盡⑤ 成就⑥

南麼① 三曼多勃馱喃② 鈝③ 佉那也④ 畔惹⑤ 娑破吒也⑥ 莎訶⑦

namaḥ① samanta-buddhānāṁ② hūṁ③ khādāya④ bhaṁja⑤ sphaṭya⑥ svāhā⑦

歸命① 普遍諸佛② 領（種子）③ 噉食④ 打破⑤ 破盡⑥ 成就⑦

唵① 阿蜜哩都納婆嚩② 鈝發吒③ 娑嚩訶④

oṁ① amṛtodbhava② hūṁ-phaṭ③ svāhā④

歸命① 甘露發生② 恐怖破壞③ 成就④

諸障噉食眞言

南無三曼多母馱喃牟佉夜陀畔闍薩婆吒也莎訶

此真言以空行之功德，能噉食障礙菩提之三界一切法，授與眾生諸法實相妙果。

烏樞沙摩明王（穢跡金剛）

【特德】 穢跡金剛以噉盡諸不淨為本誓，能焚燒分別垢淨、生滅之心，轉不淨為清淨，其有神變延命法，可祛病避災，護命延壽。

烏樞沙摩明王（梵名 Ucchuṣma 藏名 Hchol-ba），又作烏芻沙摩明王、烏樞瑟摩明王、烏素沙摩明王；亦稱穢跡金剛、火頭金剛、不淨金剛、受觸金剛、穢積金剛、不壞金剛、除穢忿怒尊等。是密教及禪宗所奉祀的忿怒尊之一，爲北方羯磨部的教令輪身。

據《慧琳音義》卷三十六所載，此明王的本願是噉盡一切物的不淨，具深淨大悲，不避穢觸，爲救護眾生，以如猛火般的大威光，燒除煩惱妄見、分別垢淨生滅之心。由於具有轉不淨爲清淨之德，故常置於不淨處供奉。

烏樞沙摩明王

此尊在中國的禪、密二宗都受到極大的尊崇。在《底哩三昧耶經》中，其名一爲受觸金剛，即是不淨金剛，於《陀羅尼集經》第九卷則稱其爲不淨潔金剛；在《攝無礙經》中稱之爲穢積金剛；《瞿醯經》、《蘇婆呼經》等，稱之爲不淨忿怒或穢跡金剛、不壞金剛、火頭金剛等名稱。

此尊梵名亦有爲摩賀麼羅（Mahābala），譯爲大力，大力指此尊具大慈力，猶如以熾火燒除眾生穢惡的生死業，所以名之爲大力。

可知穢積金剛具有轉不淨穢惡爲清淨的妙德，以甚深清淨的法界體性，具足大悲威光，以大慈大力，生起熾盛法界淨火燒除眾生的生死眾業，讓法界常現清淨，眾生遠離淨染之分別，直至圓滿成佛。是一切眾生菩提心事業的大守護者。

以此明王爲本尊的修法稱爲烏芻沙摩法，常用於祈求生產平安或袪除生產時的不淨，或是去除疾病、驅逐毒蛇、惡鬼等，亦可修此法。凡持誦此明王之神咒者，可得大功德，不但可得到除病、敬愛、避難、受福、敵伏等大利益，更可防禦枯木精、惡鬼、毒蛇等諸障礙。

穢跡金剛

穢積金剛以極爲威猛忿怒的身形示現，在密教中被視爲北方羯磨部所化現的教令輪身、忿怒身，圓滿諸佛的廣大事業。

在本地的因緣中，此尊在諸經論中，被視爲釋迦牟尼佛、不空成就佛、不動明王、普賢菩薩乃至金剛手菩薩的示現，有各種不同的說法傳承。因此有人認爲此尊是與五大明王中的金剛夜叉明王（即不空成就佛的教令輪身）同體。

在《底哩三昧耶經》及《大日經疏》卷九中又有說法是：穢積金剛是爲不動明王所化現。

《底哩三昧耶不動尊聖者念誦秘密法》中云：「復作是念，彼持明者畏一切穢惡，我今化作一切穢污之物，四面圍繞而住其中。彼所施明術何所能爲，時無動明王承佛教命召彼天，見其作如此事，即化受觸金剛（即是不淨金剛），令彼取之。爾時，不淨金剛須臾悉噉所有諸穢，令盡無餘，便執彼來至於佛所。

依《秘藏記》記載：金剛夜叉爲不空成就佛的忿怒身，其自性輪即是金剛牙菩薩，是其寂靜身；而穢積金剛是爲不空成就佛的忿怒身，其自性輪身爲金剛業菩薩。在智證請來之五大尊像中，由於沒有金剛夜叉，而以烏芻沙摩替代。由此

烏樞沙摩明王

可知，金剛夜叉與穢積金剛可視爲同體。

而此尊火頭金剛的名稱由來是於《楞嚴經》卷五中所記載：烏芻瑟摩於如來前，合掌頂禮佛之雙足，而白佛言：「我常先憶久遠劫前，性多貪欲，有佛出世，名曰空王，說多淫人成猛火聚，教我遍觀百骸四肢，諸冷暖氣神光內凝，化多淫心成智慧火，從是諸佛皆呼召我名爲火頭。我以火光三昧力故，成阿羅漢，心發大願，諸佛成道，我爲力士，親伏魔怨，佛問圓通，我以諦觀，身心暖觸，無礙流通，諸漏既銷，生大寶焰，登無上覺，斯爲第一。此義是以智火燒除不淨，成就菩提，所以名爲火頭金剛。

又《大威怒烏芻澀麼儀軌經》云：「普賢即諸佛受職持金剛，爲調伏難調，現此明王體。」所以由此經可知，穢積金剛又爲普賢菩薩所化現。

據《攝無礙經》中記載，穢積金剛則是不空成就佛所化現；另外又有與金剛夜叉明王同體的說法。

穢跡金剛

⊙穢跡金剛化污穢為清淨的故事

在《穢跡金剛說神通大滿陀羅尼法術靈要門》中，記載有穢跡金剛化現的因緣。

當初釋迦如來入滅之時，有無量百千萬眾、天龍八部、人、非人等諸天大眾、釋提桓因等皆來供養，唯有螽髻梵王不但未來覲省，還在天宮內與諸采女共相娛樂。

大眾知曉後，對梵王如此驕慢皆感到憤憤不平，於是各自派遣百千眾咒仙，前往梵王處，欲使其前來。但是梵王早有準備，將天宮四周城塹以種種污穢不淨之物結界，這些仙人見到種種不淨之物，紛紛犯咒而死。

這時，諸天眾又令無量金剛前往，但也是同樣的情形，如是七次，無人能奈梵王何。大眾看到這種情形，又氣憤又哀傷，在如來遺體前悲號啼哭。

這時，如來因為愍諸大眾的緣故，即以大遍知神力，隨左心化現出不壞金剛，即於眾中從座而起，對大眾說：「我有大神咒，能提取彼梵王前來。」說完之後，即於大眾之中顯大神通，變化三千大千世界六返震動，天宮、龍宮、諸鬼神宮皆悉崩壞摧毀，即自騰身至梵王所，以指指其城塹，其彼醜穢之物立即變為大地。

這時，金剛至其城塹，對梵王說：「你真是大愚癡者，如來欲入涅槃，你何不前去覲省！」即以金剛不壞之力，微以指之，梵王於是發心至如來所。

爾時，大眾讚歎地說：「大力士！你能有是神力，能提取梵王來至於此。」

這時，金剛回答：「如果有世間眾生，被諸天、惡魔、一切外道所惱亂者，只要誦我的咒經十萬遍，我自然現身，令一切有情隨意滿足，永遠脫離貧窮，常令其安樂。其咒如是，先發此大願：南無　我本師釋迦牟尼佛，於如來滅後受持此咒，誓度群生，令佛法不滅，久住於世。」發了此願之後，即說大圓滿陀羅尼神咒穢跡真言曰：「唵咈咶啒律摩訶鉢囉哏那㖿　吻汁吻　微咭微摩那栖　嗚深慕啒律吽吽泮泮泮娑訶」

這時，彼金剛說完此咒，又說：「我終如來滅後常誦此咒。此時有眾生請願受持此咒者，我常為給使者使其所求如願，我現今於如來前說此神咒，唯願如來於真中照知我等。世尊！如果有眾生多被諸惡鬼神之所惱亂，若有能持此咒者，皆不能爲害，永離苦難。

「世尊！如果有善男子，善女人，欲救治醫療萬病者，誦以上之咒四十萬遍，若有病者，治療必定靈驗，不論清淨與不淨，隨意驅使，我當隨從滿足其一切願。」

在經典中，有說種種治療疾病、邪病之法。「若欲治人病者，作頓病印，先以左手頭指、中指，押索文，印咒之一百遍，以印頓病人七下立差；若病人臨欲死者，先於禁五路印，然後治之，即不死印目，如是先准印以無名指屈向掌中，豎小指咒之百遍其患速除。」

「若治邪病者，但於病患人頭邊，燒安悉香，誦之咒，立除之，若蟲毒病者，書患人名字紙上咒之即差。治精魅病者亦如法，若治伏連病者，書患人姓名及作病鬼姓名，埋患人床下咒之，其鬼遠奉名字自出現身，便令彼鬼看三世之事，一一具說向人其病速差，若有患時氣病者，咒師見之即差，若欲令行病鬼王不入界者，於十齋日誦我此咒一千八遍，能除萬里病患。」

在《穢跡金剛梵百變法經》中，並提到其「神變延命法」：

「伏連，書心上即差，大吉，急急如律令。

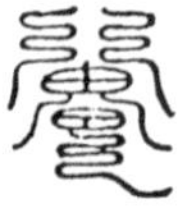

「心痛，書之立即除差，大吉利，急急如律令，先咒七遍。

「鬼病，朱書吞之。

「精魅鬼病之人，朱吞之，七大書枚，立瘥神驗。

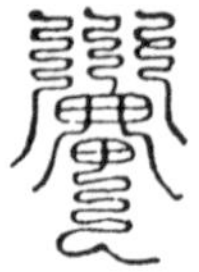

「若依法之人，取白檀綾二丈一尺七寸，白練裹之，置於地輪世界。令人延年得七十歲，若無人送者，即安自宅中庭，掘地七尺埋之亦得，又得聰明、多智、辯才無礙。

「此七道亦能治萬病，吞之亦令人長壽益智大神驗。

「此上七道用朱書紙上，吞之千枚令人延年，即得與天地齊壽，不得令人見之。

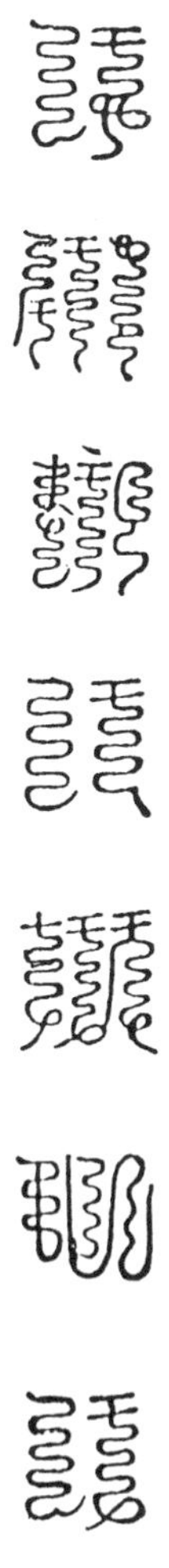

「此上七道，若有人患一切病，以此符書之，皆得除瘥。若人書符吞之者，延年益智大驗效矣。

「此上七道，若有人求種種珍寶者，以朱書此符，吞之滿七日，即有種種妙寶自然而至。若求他人財物，當書彼人姓名於符下，其人立即送物到。

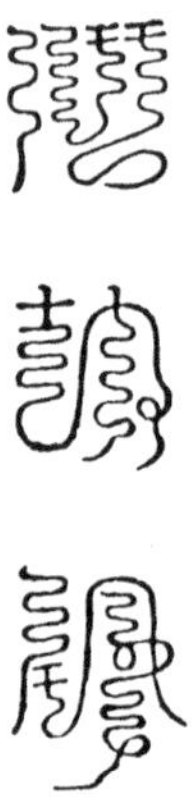

「此上三符，朱書床四腳上，常有人大金剛衛護悉不暫捨，惟須嚴淨勿令污染之物入房，切須慎之。

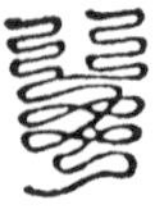

「有大火災起者，書符擲一枚咒一百八遍，向火中須臾災自滅。

「火惡風起者，書此符咒一百八遍，擲向風中即止。

⊙穢跡金剛的形像

由於化現的因緣及傳承不同，穢跡金剛的形像也有多種不同造像。

其形像有二臂忿怒形、四臂忿怒形、四臂端正形、三目六臂形、三目八臂忿怒形等類。而一般多採用《大威力烏樞瑟摩明王經》卷上所說：具四臂，作忿怒形，眼睛紅色，通身青黑色，遍體起火焰，右上手執劍，下手持羂索；左上手持打車棒，下手執三股叉，一一器杖皆起火焰。

在《大威力烏樞瑟摩明王經》中記載此尊各種不同的形像：

1.二臂像的穢積金剛，全身赤色，忿怒形，犬齒露出，密目（如貍眼），髮黃色直豎上衝，左手持杵，右手執娜拏。

2.二臂像，右手舒五指以掌拓心，左手持杵，左足踏毗那夜迦，右足踏娜拏，令娜拏一頭押著毗那夜迦。

3.四臂像，忿怒形，眼睛赤色，通身青黑色，全身流出火焰，右上手執劍，右下手拿羂索，左上手持打車棒，下左持三股叉。

4.四臂像，左上手掌髑髏，左下手豎頭指擬勢，右上手持那拏，下手執行。

5.四臂像，以自己的血畫之，頭髮上豎，第一手掌髑髏，第二手娜拏，第四手持杵，著虎皮褲。

6.四臂像，右手佛，下手執娜拏，左上手並舒五指，側手近靠額頭，稍微低頭作禮佛的姿勢，下手赤索，眼睛紅色。

7.四臂像，通身黑色起火焰，忿怒形，左眼碧色，髮黃色上豎，咬著下脣，狗牙上出，衣著虎皮褲，以蛇爲瓔珞，左上手持杵、下羂索，右上手並屈豎食指擬勢，下手施予願印，眉間顰蹙，其目可怖。

另《陀羅尼經》中記載，此尊形像爲身青色，右手金剛杵，下手舒下大拇指指抑，食指直下舒，餘三指稍向上彎曲，左手赤索如盤蛇般，下手數珠，面貌端正姝妙，兩隻赤龍左縛上絡其頭，胸前相鉤仰視，又各臂脛青龍絞，頭上有一白龍、胯上虎皮縵，頭髮如火焰般，又項背火焰，頭光上左右爲一蓮座，左蓮上阿閦佛，右蓮上阿彌陀佛，結跏趺坐。爲《陀羅尼集經》卷九所記載。

《攝無礙經》記載此尊形像爲身青色，左手寶數珠，右手三股，右下手滿願印，即大拇指、食指相合，餘三指屈、獸皮衣、右肩二隻赤蛇於胸垂著頭向著本尊，又四臂，兩膊青蛇團團遶之。

而圓珍請來的尊像造型則是六臂、三目，右第一手寶棒，二手三鈷杵，次手索，左第一手施願，次手輪，次手念珠，蛇於手足纏繞，髑髏瓔珞，坐於赤蓮上，右足垂下。

另有身赤色三目，左、右第一手拳，頭指舒開豎立於心前腕交叉，左第二手鉤，下手五指舒掌俯，右第二手棒，下手劍，右腳上舉，左腳立於岩上，火焰遍於全身，上方虛空中有化佛之造型。

在唐本樣像中的八臂穢積金剛，做忿怒形，立於盤石上，左、右第一手結印，中指、無名指押著大姆指，小指與食指舒立，右手左脇邊，左手右腹側寄各掌向外，右第二手短劍、次手鈴、下手羂索，左第二手六輻輪、次手長劍、下手三股杵，右腳躍勢，左足直踏於石上，足邊流出火焰，頸上瓔珞，著天衣，頭髮上聳。

又唐本像，身赤肉色，三目，頭髮聳豎，頂戴天冠，面向左立於盤石上，左右一手結印，初像第一手印如左上手劍，中手三古鈴，下手索，右上手鞘，次手獨股杵，杵繫有赤綵帛，下手弓箭，著青天衣、赤袈裟，立於石，石的四邊流出火焰，虛空上有化佛。

⊙烏樞沙摩明王的種子字、真言

種子字：（hūṃ）

【真言】

唵① 吽② 發吒發吒發吒③ 鄔仡羅④ 戍攞播寧⑤ 吽吽吽發吒發吒發吒⑥
唵⑦ 擾羝⑧ 寧囉曩娜⑨ 吽吽吽發吒發吒發吒唵唵唵⑩ 摩訶麼攞⑪ 娑縛訶⑫

oṁ① hūṁ② phaṭ pha phaṭ③ ugra④ śūlapāṇṇi⑤ hūṁ hūṁ hūṁ
phaṭ phaphaṭ⑥ oṁ⑦ moṁ dūti⑧ nimada⑨ hūṁ hūṁ hūṁ phaṭ
pha phaṭ oṁ oṁ oṁ⑩ mahāhābala⑪ svāhā⑫

歸命① 吽② 發吒發吒發吒③ 強力④ 持鉾者⑤ 吽吽吽發吒發吒發吒⑥
歸命⑦ 使者⑧ 無聲譽⑨ 吽吽吽發吒發吒發吒 歸命 歸命 歸命⑩ 大力⑪
成就⑫

大心眞言

唵① 縛日羅② 俱嚕馱③ 摩訶麼攞④ 訶曩娜訶跛者⑤ 尾馱望⑥ 烏樞瑟麼⑦ 俱嚕馱吽吽吒⑧

oṃ① vajra② krodha③ mahā bala④ hānadāhapaca⑤ vidvān⑥ Ucchuṣmaḥ⑦ krodha hūṃ phaṭ⑧

歸命① 金剛② 忿怒③ 大力④ 燒棄⑤ 有智⑥ 烏樞瑟摩王⑦ 忿怒破壞⑧

解穢眞言

唵① 修利摩利② 摩摩利摩利③ 修修利④ 莎訶⑤ （《陀羅尼集經》九）

oṃ① śrīmali② mamali mali③ suśrī④ svāhā⑤

歸命① 吉祥保持② 幸福保持保持③ 華麗吉祥④ 成就⑤

軍荼利明王

軍荼利明王，能成就無量百千法、清淨一切罪，療癒鬼魅野道諸病、消滅惡變怪病，並除一切毒、避諸惡獸、賊難、王難等災厄，自護護人，長壽無病安穩快樂。

【特德】

軍荼利明王（梵名Kundah），音譯爲軍荼利，意譯爲瓶。在密教裡，瓶是甘露的象徵，所以又譯作甘露軍荼利。是密教五大明王之一，爲南方寶生佛的教令輪身（忿怒身）。

軍荼利明王是以慈悲方便，成證大威日輪以照耀修行者。並流注甘露水，以洗滌眾生的心地、三毒煩惱，因此又稱爲甘露軍荼利明王（Amṛiti-Kuṇḍli，阿密利帝明王）。

而甘露（梵名amṛta）音譯作阿蜜嘌多、啞蜜哩達。意譯爲不死、不死液、甘露等。相傳食之可長壽不死，在《注維摩詰經》中說，諸天以種種名藥著海中

軍荼利明王

，以寶山摩之令成甘露，食之得仙名不死藥。佛法中，以涅槃甘露令生死永斷，是真不死藥也。

此外，或有說軍荼利有三部，所謂：甘露軍荼利（佛部），金剛軍荼利（金剛部）及蓮花軍荼利（蓮華部）。

此外，因爲示現忿怒像，形貌又似夜叉身，所以也稱爲軍荼利夜叉明王（Kuṇḍalī-yakṣas）。另外，也有「大笑明王」的異稱。

關於誦持軍荼利明王真言或修持軍荼利明王法的功德，在《西方陀羅尼藏中金剛族阿蜜哩多軍荼利法》中說，修此法能滅一切罪、得大富貴、亦能除一切怖畏、亦能除飢饉、能利益一切眾生、若入軍陣、若有鬪諍博戲皆悉獲勝，無量百千法皆得成就。可治鬼魅野道病及護自身並護他人，長壽無病。

又說，軍荼利三昧耶壇者，有大利益，諸佛菩薩及諸天龍之所贊歎，無量生所造種種眾罪業，所謂地獄畜生等，今日今時即得清淨。諸大地獄悉皆除斷，當閉諸地獄門，開諸天門。一切惡想、惡夢、災厄悉皆消滅，一切怨家生善友想，一切羅刹、藥叉、比舍遮、蠱毒、厭蠱、荼移泥諸惡呪術不能爲害，一切鬼神摩

軍荼利明王

底里等皆當擁護，如一子無異。

若有修其法者，刀不能害、火不能燒、一切王難、賊難、怨家之難，惡龍、霹靂亦不能爲害，一切諍論處悉皆得勝。山水鬼等更無怖畏，當得長命安穩快樂。一切敬愛錢財富饒，羆熊、大虫、師子、虎狼、白象亦不能爲害，亦不横死，諸佛菩薩當憶念，四天大王常當擁護，及二十八部藥叉大將、雪山藥叉大將、一切持呪仙人王、一切金剛諸天鬼神、使者、守護印神及諸教守如是等天鬼神擁護入壇人，由如一子，復有無量無邊功德。

經中又舉有種除病延壽法：若有人食著毒藥，取香水洗金剛杵，取水咒二十一遍，燒安悉香，取食毒藥，人喫即得愈差。

若毒蛇所咬者，取黃土咒二十一遍，和香水泥塗咬處，或用孔雀尾拂咬處，即除一切毒。

若人無福德，惡病變怪等者，如法修持即得除一切惡變怪長病等厄，即得除差。

軍荼利明王的形像，通常作四面四臂，或一面八臂。依據《軍荼利儀軌》所記載，四面四臂像的臉部表情各有不同，正面慈悲、右面忿怒、左面大笑、後面微怒開口。全身青蓮華色，坐於磐石之上。這四面四臂象徵的是息災、降伏、敬愛、增益四種法。另外也有說是指第七識的我癡、我見、我慢、我愛的四種根本煩惱。

《白寶口抄》則說其右手執金剛杵，手滿願印，二手作羯磨印。身佩威光焰鬘住月輪中，青蓮花色，坐瑟瑟盤石，正面慈，右第二面忿怒，左第三面作大笑容，後第四面微怒開口。

又說，右手金剛杵者，降伏本誓，謂摧破一切眾生惡業，煩惱義也。左手滿願印者，增益本誓，謂令成就一切眾生一求願義也。二手羯磨印者，總三昧耶也，羯磨成就義，是作業成就故，縱雖無行者，作業功力任運成就所願，降伏惡業煩惱也。

又說，耳佩威光焰鬘表以菩提智火燒盡二乘外道其邪智也。坐瑟瑟盤石坐表淨菩提心全表無傾動也。

至於軍荼利明王一面三目八臂的造形，是頭戴髑髏冠，眼張大，作大瞋目，並有二條赤蛇垂在胸前。八隻臂手，右最上手，拿著金剛杵，屈臂向上；下第二手，執持三叉雙頭長戟，屈臂向上；下第三臂，壓左第三臂，兩臂相交在胸前，兩手各作跋折羅印；下第四臂，仰垂向下，勿著右胯，伸五指，爲施無畏手。左上手中，把金輪形，屈臂向上；下第一手，中指以下三指各屈向掌，大指捻中指上節側，食指直豎，向上伸之，屈其臂肘，手臂向左；下第四手，橫覆左胯，指頭向右。

在《西方陀羅尼藏中金剛族阿蜜哩多軍荼利法》說，於佛左邊畫金剛軍荼利，作可畏相，右上手把金剛杵，次手執鉞斧，次下手把劍，次手把推，左手把羂索，次下手把鐗，次手把輪，次手把棒，棒上安兩目。兩手合掌當心。眼少赤色，牙上出，頭髮聳上如焰色，通身著火焰光，種種纓絡莊嚴其身，上脣咬下脣，其身正面立腳踏青蓮華。」

軍荼利明王法多用在調伏，或息災、增益方面。如果修行者每天在將食之前，供出少分食物，然後念誦軍荼利明王心咒七遍，則不論在任何地方，都會得到明王的加護。此外，軍荼利真言也往往可用來作修持其他密法的輔助，或作加持供物之用。行者如法修持，亦可達到除一切障難、癒病、延壽的效驗。

◎軍荼利明王的種子字、真言

種子字：（a hūṃ hūṃ）

【真言】

曩謨① 羅怛曩怛羅夜也② 曩麼③ 室戰拏④ 摩訶縛日羅俱路馱也⑤ 唵⑥
戶嚕⑦ 戶嚕⑧ 底瑟吒⑨ 底瑟吒⑩ 滿馱⑪ 滿馱⑫ 賀曩⑬ 賀曩⑭ 阿蜜哩帝⑮
吽⑯ 發吒⑰ 娑縛訶⑱

namo① ratna-trayāya② nama③ aścaṇḍa④ mahā-vajra-krodhāya⑤
oṃ⑥ huru⑦ huru⑧ tiṣṭha⑨ tiṣṭha⑩ bandha⑪ bandha⑫ hana⑬
hana⑭ amṛte⑮ hūṃ⑯ phaṭ⑰ svāhā⑱

歸命① 三寶② 歸命③ 暴惡④ 大金剛忿怒⑤ 歸命⑥ 速疾⑦ 速疾⑧ 安住⑨ 安住⑩ 繫縛⑪ 繫縛⑫ 殺害⑬ 殺害⑭ 甘露⑮ 忿⑯ 摧破⑰ 成就⑱

⊙大笑明王真言

唵① 縛日羅吒賀娑野② 吽泮吒③

𑖌𑖼① 𑖪𑖕𑖿𑖨𑖯𑖘𑖿𑖘𑖮𑖯𑖭𑖯𑖧② 𑖮𑖳𑖽 𑖣𑖘𑖿③

oṁ① vajrāṭṭahāsāya② hūṁ phaṭ③

歸命① 金剛大笑之爲② 忿怒摧破③

大威德明王

【特德】大威德明王能對治閻羅死魔，若有禮拜供養即能消除業障、增長福壽，往生極樂淨土，得無量快樂。

大威德明王（梵名 Yamāntaka，藏名 Gśin-rje gśed），音譯為閻曼德迦，意為摧殺閻魔者，故別號為降閻摩尊；密號為威德金剛。此外，又稱作大威德尊、大威德忿怒明王、六足尊。為五大明王或八大明王之一。如果配以五方佛，則為無量壽佛的教令輪身，亦可視為文殊菩薩的變化身。在現圖曼荼羅中，此尊位於胎藏界持明院，般若菩薩的左側。

大威德金剛亦為藏密無上瑜伽密續主要本尊，在藏密中被視為文殊菩薩化身的忿怒相，表其有調伏怨敵的功德，為密教中常見重要之本尊。

在西藏密宗中，大威德金剛是無上密最高的本尊之一，能除魔與對治閻羅死

大威德明王

魔等，是無上瑜伽部中，即身成就的主尊。

以大威德明王爲本尊的修法，在日本密教中亦有，通常都用在戰爭時祈求勝利，及調伏怨敵等。

此尊的形像有多種。依《大日經疏》卷六記載：降閻摩尊是文殊菩薩的眷屬，具有大威勢力，其身六面、六臂、六足，以水牛爲坐騎，面有三目，色如玄雲，作極忿怒之狀。另外，在《八字文殊軌》中，對此尊也有所描述，據述：閻曼德迦金剛，身青黑色，六頭、六臂、六足；其六臂各執器仗；左上手執戟，次下手執弓，次下手執索；右上手執劍，次下手執箭，次下手執棒。乘青水牛爲座，身材高大，且遍身火焰，展現出極忿怒形。

在佛教藝術作品中，現存的大威德明王像，以日本所繪造者爲多。日本密宗重鎮教王護國寺（東寺）中所藏者，即爲五大明王中最早的作品。

在《覺禪鈔》卷第九十四中說：「此尊是無量壽如來教令輪身也，大悲門出，爲無明妄想眾生，現極惡瞋怒身，伏出世之魔軍，滅世間之怨敵，一度禮拜供養人，消除業障，摧伏怨家，增長福壽，乃至往生極樂淨土，得無量快樂。」

大威德明王

另《覺禪鈔》中並記載耶曼德迦法中，召請夜叉女之咒語，此夜叉女除了贈予行者金錢之外，並與長年仙藥。

大威德金剛在藏密的修法中，爲無上瑜伽密續主要本尊，被視爲文殊菩薩化身的忿怒相，表其有調伏怨敵的功德，各派均修其法，尤其是格魯派（黃教）特別重視。

藏史傳說：當時閻魔附聖人之體，現牛首人身後，殺害二惡人，飲其血，斷其首以頭骨作鉢，隨而擾亂藏族，文殊菩薩應藏人所祈求，示現猙獰的大威德相，亦牛首人身催伏閻魔，故名降閻魔尊。

本尊形相極爲可怖，身黑藍色，九面三十四手、十六足右屈左伸、捲舌、獠牙、露齒、感額、赤髮上沖、鬚眉如火、五骷髏爲冠、五十鮮人首爲項鬘、黑蛇絡腋、骨輪骨飾等爲莊嚴，其形裸露。

九面相者，正面黑，水牛面，最極忿怒。有二銳角，其二角間，有一紅面甚可怖畏，口滴鮮血。此面之上，現黃色文殊面，微示怒容，孺童貌，莊嚴間飾，頂具五髻。右角根下正面藍色、右面紅色、左面黃色。左角根下，正面白色、右

藏傳佛教中的大威德明王

面煙色、左面黑色。各面俱極忿怒，九面各具三目。

三十四臂，諸手皆結期剋印，前抱佛母之二手，右執鉞刀，左捧盈血嘎巴拉。最上二手執象皮披風之腳，餘手持物右為：鏢槍、檮杵、水齒輪刀、鉞斧、矛、箭、鉤、杖、三叉戟、輪、五鈷杵、金剛錘、劍、江得鳥。左為：梵天頭、盾牌、羂索、弓、腸、鈴、人手、屍布、人幢、火爐、帶髮嘎巴拉、作期剋印、三角幢、風帆。

十六足，右腳踩人、水牛、黃牛、驢、駝、犬、羊、狐。左腳踩鷲、梟、慈烏、鸚鵡、鷹、鵬、家雞、鴻鶴。並有梵天、帝釋、遍入天，大自在天、六面童天、邪引天、月天、日天等諸天眾，作匍伏狀，分踏足下。

佛母名金剛起屍母，藍色、一面二臂、右執 刀上揚，左擎盈血顱器、骨飾莊嚴，與佛父雙運於熾焰烈火聚中，卓然而住。

⊙大威德明王的種子字、真言

種子字：（hrīḥ）或（ṣṭhri）或（hūṁ）或（maṁ）

【真言】

大心眞言

唵① 紇哩② 瑟置哩③ 尾訖哩多娜曩④ 吽⑤ 薩縛⑥ 設咄論⑦ 曩捨野⑧ 塞擔婆野 塞擔婆野⑨ 娑頗吒娑頗吒⑩ 娑縛賀⑪

𑖌𑖼① 𑖮𑖿𑖨𑖱𑖾② 𑖬𑖿𑖙𑖿𑖨𑖰③ 𑖪𑖰𑖎𑖴𑖝𑖯𑖡𑖡④ 𑖮𑖳𑖼⑤ 𑖭𑖨𑖿𑖪⑥ 𑖫𑖝𑖿𑖨𑖲𑖼⑦ 𑖡𑖫
𑖧⑧ 𑖭𑖿𑖝𑖽𑖥𑖧𑖭𑖿𑖝𑖽𑖥𑖧⑨ 𑖭𑖿𑖣𑖘𑖿𑖭𑖿𑖣𑖘𑖿⑩ 𑖭𑖿𑖪𑖯𑖮𑖯⑪

oṃ① hrīḥ② ṣṭhri③ vikṛtānana④ hūṃ⑤ sarva⑥ śatruṃ⑦ naśaya⑧ stambhaya-stambhaya⑨ sphaṭ-sphaṭ⑩ svāhā⑪

歸命① 紇哩（種子）② 瑟置哩（種子）③ 醜面④ 恐怖⑤ 一切⑥ 仇敵⑦ 消去⑧ 禁止禁止⑨ 摧壞摧壞⑩ 成就⑪

心中心眞言（隨心眞言）

唵① 瑟置哩② 迦攞③ 嚕跛④ 吽⑤ 欠⑥ 娑縛賀⑦

𑖌𑖼① 𑖬𑖿𑖘𑖿𑖨𑖱② 𑖎𑖯𑖩③ 𑖨𑖳𑖢④ 𑖮𑖳𑖼⑤ 𑖏𑖽⑥ 𑖭𑖿𑖪𑖯𑖮𑖯⑦

oṁ① ṣtri② hāla③ rūpa④ kūṁ⑤ khaṁ⑥ svāhā⑦

歸命① 瑟置哩（種子）② 黑③ 色④ 吽（恐怖）⑤ 欠（幸福）⑥ 成就⑦

藏傳大威德金剛的咒語

唵 啥以則以微嘰答納納 吽呸

ཨོཾ་ཧྲཱིཿཥྚྲི་ཝི་ཀྲྀ་ཏཱ་ན་ན་ཧཱུཾ་ཕཊ།

唵 雅嘛喇雜 薩堙美雅 雅美 堙嚕納 佑達雅 雅達佑 尼喇 雅切

雅 雅切雅 叉尼喇嘛呀 吽吽呸呸梭哈

ཨོཾ་ཡ་མ་རཱ་ཛ་ས་དོ་མེ་ཡ། ཡ་མེ་དོ་རུ་ཎ་ཡོ་ད་ཡ།
ཡ་དཱ་ཡོ་ནི་ར་ཡ་ཀྵ་ཡ། ཡ་ཀྵ་ཡ་ཙྪ་ནི་ར་མ་ཡ་ཧཱུཾ་ཧཱུཾ་
ཕཊ་ཕཊ་སྭཱ་ཧཱ།

孔雀明王

修習孔雀明王法，可以平息災難、除去諸毒，得到龍天守護，療治諸病，免除非時夭壽，並得以日夜吉祥，延命益壽。

【特德】

孔雀明王（梵名 Mahā-mayūrā-vidya-rājñī），梵名音譯作摩訶摩瑜利羅闍，又有佛母大孔雀明王等名，簡稱孔雀明王。此孔雀明王不似一般明王多現忿怒像，而是形像莊嚴、慈藹可親，並以美麗的孔雀爲坐騎。或有說其爲釋迦牟尼佛所化現。

據佛典中所載，孔雀明王之咒是諸佛所說，行者應常受持，以求救護，修法時可自稱己名，並向孔雀明王祈願：願相攝受除諸怖畏，刀杖枷鎖如是等苦，皆蒙解脫，常逢利益，不見衰惱，壽命百年。另，相關經典中尚記載，修孔雀明王法除可息災、除諸毒害外，尚可得諸天、龍、藥叉等守護、療治諸病，免除非時

孔雀明王

夭壽、日夜吉祥、延命益壽。

據《孔雀明王經》所載，佛陀在世時，有一位比丘名莎底，遭毒蛇所咬，一時毒氣遍身，悶絕於地，口中吐沫，兩目翻上。阿難見狀，便急忙請求釋尊大悲救護，於是釋尊就教他念誦能祛除鬼魅、毒害、惡疾以延護壽命的陀羅尼，這就是孔雀明王咒。

此外，在佛典中，亦描述有一孔雀王因誦憶孔雀明王咒，而得護命的故事，據經中說，在久遠以前，雪山有一隻金曜孔雀王，平素持誦孔雀明王咒甚勤，因此恆得安穩。有一次，由於貪愛逸樂，與眾多孔雀女到遠地山中嬉遊，而一時忘了誦持該咒，因此遭到獵人捕捉。幸而他在被縛之時，即時恢復正念，持誦該咒，終於解脫繫縛，得到自由。

孔雀明王的形像，在《大孔雀明王畫像壇儀軌》中記載為：頭向東方，白色，著白繒輕衣。有頭冠、瓔珞、耳璫、臂釧種種莊嚴，乘坐金色孔雀王，結跏趺坐於白蓮華上或青綠花上，現慈悲相。有四臂，右邊第一手執開敷蓮華，第二手持俱緣果，左邊第一手當心掌持吉祥果，第二手執三、五莖孔雀尾。

四種持物中，蓮華代表敬愛，俱緣果代表調伏，吉祥果代表增益，孔雀尾表示息災。白蓮座表示攝取慈悲的本誓，青蓮座代表降伏之意。

據密教相傳，此明王是毗盧遮那如來的等流身，具有攝取、折伏二德，故有上述二種蓮座。

密教現圖胎藏界曼荼羅，將此尊安置於蘇悉地院南端第六位，身呈肉色，二臂，右手持孔雀尾，左手持蓮華，坐赤蓮華上。密號是佛母金剛或護世金剛。西藏流傳的形像則呈三面八臂，坐蓮華座，不乘孔雀。

關於孔雀明王以孔雀爲座騎之事，《白寶口抄》中說，孔雀鳥食一切毒蟲爲身命，孔雀明王猶如阿彌陀佛，能消滅一切眾生造惡三毒，爲自性清淨壽命，故以此孔雀爲座。

又說，此鳥噉食一切毒蟲等爲命，即象徵明王斷盡一切煩惱惡毒，延常住不壞壽命。而孔雀尾又能拂無量災福，與諸吉祥。

同抄中又說，其種子字爲 𑖪𑖽（vaṃ），是水大種子字，有情皆以水潤爲命，水性若生則枯散，水如此能持物，今孔雀明王之利眾生，譬猶彼水之持萬物，故用水大之種子字。

密教有以此孔雀明王爲本尊而修的法，稱之爲孔雀經法或孔雀明王經法。此法之主要作用爲息災、祈雨或止雨、安產等事，若行者精勤修持，亦可除諸病難，因之護命延壽。

◎孔雀明王的種子字、真言

種子字：（ma）或（yu）或（vaṇ）

【真言】

唵① 摩庚羅訖蘭帝② 娑縛訶③

①　②　③

oṁ① mayūrā krānte② svāhā③

歸命① 孔雀不能超② 成就③

第四章 天部

大黑天

【特德】

大黑天為密教的重要護法，能除一切魔擾、障礙，並使行者財富充足。常為祈福、長壽、除魔修法之本尊。

大黑天（梵名Mahākāla），密教護法之一。梵文音譯爲摩訶迦邏、莫訶哥羅，意譯爲大黑或大時，又稱摩訶迦神，或摩訶迦羅神、大黑神、大黑天神、嘛哈嘎拉。

印度教以此神爲濕婆神（Śiva）的別名，或爲濕婆之后突迦的化身（或侍者），主破壞、戰鬥；佛教則視之爲大自在天的化身，或是毗盧遮那佛的化身等，諸說不一，略述如下：

(1)《大日經疏》等以此天爲毗盧遮那佛的化身，即降伏荼吉尼的忿怒神。《大日經疏》卷十謂：「毗盧遮那以降伏三世法門，欲除彼故化作大黑神。」

(2)以此天爲戰鬥神、塚間神，視之爲摩醯首羅之化身。在《仁王護國般若波羅蜜多經》卷下〈護國品〉中說：「乃令斑足取千王頭，以祀塚間摩訶迦羅大黑天神。」唐·良賁於《仁王護國般若波羅蜜多經疏》卷下記述：「言塚間者，所住處也。言摩訶者，此翻云大。言迦羅者，此云黑天也。（中略）大黑天神，鬥戰神也，若禮彼神增其威德，舉事皆勝，故嚮祀也。」

(3)以此天爲藥叉王，爲波羅奈國的守護神。不空譯《佛母大孔雀明王經》卷中有：「大黑藥叉王，婆羅痆斯國。」的記載。而《大方等大集經》卷五十五〈分布閻浮提品〉也提列有大黑天女與善髮乾闥婆等，俱護持養育波羅奈國。

大黑天

(4)《玄法寺儀軌》卷二列出暗夜神（即黑闇天）的真言，其下註為大黑天神。此即以大黑天神為黑闇天。

(5)以此天為財福神，司飲食。依《南海寄歸內法傳》卷一〈受齋軌則〉所載：「又復西方諸大寺處，咸於食廚柱側，或在大庫門前，彫木表形，（中略）黑色為形，號曰莫訶哥羅，即大黑神也。」日本更以大黑天為七福神之一，認為大黑天乃授與世間富貴官位之福神，廣受民間崇仰。

又，東密相傳此尊係大日如來為降伏惡魔所示現的忿怒藥叉形天神，藏密則相傳為觀世音菩薩所顯化的大護法。此尊同為日本與西藏兩系密教均相當重視的修法本尊。

關於此尊有種種不同形貌傳布，約可分忿怒相與福神造形兩種。

有關忿怒相在《慧琳音義》卷十中描述其為八臂，身青黑雲色，二手於懷中橫把三戟叉，右第二手捉青羖羊，左第二手捉一餓鬼頭髻，右第三手把劍，左第三手執朅吒罔迦（Katabhaṅga），即髑髏鐘，為破壞災禍的標幟，後二手各於肩上共張一白象皮如披勢，以毒蛇貫穿髑髏以為瓔珞，虎牙上出，作大忿怒形，

藏密瑪哈嘎拉

足下有地神女天，以兩手承足。

另依《大黑天神法》所載，爲青色三面六臂，最前面的左右手橫執劍，左次手提取人之髮髻，右次手執牝羊，次二手於背後張被象皮，以髑髏爲瓔珞。在胎藏現圖曼荼羅中之尊形與此所載相同，除羊與人頭左右相反。

至於福神形像，在《南海寄歸傳》則說是神王形，把金囊，踞於小牀而垂一腳。或有作凡人貌，頭戴圓帽，背負囊，持小槌，踏米袋的形貌。

此尊於藏密中稱爲瑪哈嘎拉，爲重要的護法主尊。各派所傳形像不一，性質皆異，如：薩迦派二臂大黑天、四臂大黑天、六臂大黑天等等不同傳承因緣。

其中延壽長命法，常以白色六臂瑪哈嘎拉爲本尊。

白瑪哈嘎拉之名號爲白色滿願如意智慧怙主，相傳其住於印度金剛座清涼屍陀林中。

此尊身白，一面六臂三目，鬚眉毛髮呈金黃色上揚，頭戴骨冠。右上手執彎刀揚舞；右次手執如意寶橫置胸前；右下手搖動著紅檀香木製之手鼓。左臂捧滿盛甘露之顱器，垂於眼側，內有一財寶瓶；左二臂執三叉戟；左下手持鉞斧或羂

白色六臂瑪哈嘎拉

索。二足作巡行狀，立於蓮花日輪象頭財神層疊之寶座上。身著五彩絲質天衣，下身著虎皮裙，上身披象皮，項佩五十鮮血人頭，表清淨五十習氣與煩惱。遍體珠寶，小鈴及花蔓嚴飾，安立於廣大智慧火焰中。

大黑天在東密與藏密中，都是重要的智慧護法與本尊，其法門常爲行者除魔、修行勝利成就與求福、長壽時所修。特別是六臂白瑪哈嘎拉，更是常被用來作爲祈求財富、長壽等增益法時的本尊。

⊙大黑天的種子字、真言

種子字：𑖦（ma）

【真言】

唵① 摩訶迦羅耶② 娑縛賀③

𑖌𑖼① 𑖦𑖮𑖯𑖎𑖯𑖩𑖧② 𑖭𑖿𑖪𑖯𑖮𑖯③

oṁ① mahā-kālaya② svāhā③

歸命① 大黑② 成就③

唵① 蜜止蜜止② 舍婆隸③ 多羅羯帝④ 娑縛訶⑤（大黑天神法）

oṁ① micch-micch② śvare③ taragate④ svāhā⑤

歸命① 降伏② 自在③ 救度④ 成就⑤

◎六臂白瑪哈嘎拉的真言

真言：咕嚕 瑪哈嘎拉 哈哩尼薩 悉地炸

地天

地天乃主掌地大之神。修本尊之法，可增益壽命，並得地味資潤，使色身精氣充溢，獲致無盡大福德。

【特德】

地天（梵名Pṛthivī），音譯作比里底毗、必哩體尾、畢哩體微、鉢嘌體吠。爲色界十二天的第十天，乃主掌大地之神。又稱地神、地神天、堅牢神、持地神、堅牢地天、堅牢地神、地多大神。

在經典中常可見其尊名及功德勢力。如《金光明最勝王經》卷八〈堅牢地神品〉謂之爲堅牢地神，即取其堅固之德。經中詳述此神護持宣說受持《金光明經》者，並說如果有說法者廣演是經時，他就會常作宿衛，隱蔽其身於法座下頂戴其足。而《法華經》卷七〈普門品〉、《不空羂索神變真言經》卷九〈廣大解脫曼拏羅品〉等處，也都列有持地菩薩的名號。

地天

在《堅牢地天儀軌》中記載，此尊與大功德天曾一起稟白佛陀，如果有眾生禮拜恭敬供養及念誦其真言，他會恒常出地味資潤彼人，令其身中增益壽命，是地精氣充溢，行者身中得色力、得念、得喜、得精進、得大智慧、得辯財、得三明六通，人天愛敬，得無比無盡大福德。

在《最勝王經》卷八中，堅牢地神並說，如果有人至心持誦其神咒者，皆能隨心所欲，滿足一切資財珍寶伏藏，及求神道，長年妙藥，並療眾病。

而在《地藏本願經》卷下〈地神護法品〉中，佛陀也曾對堅牢地神說：「汝大神力諸神少及，何以故？閻浮土地悉蒙汝護，乃至草木、沙石、稻麻、竹葦、穀米、寶貝從地而有，皆因汝力。」

另於《方廣大莊嚴經》卷九〈降魔品〉中記載，佛陀初成道時，此地神為作證明，從地湧出，曲躬恭敬，捧著盛滿香花之七寶瓶供養世尊。《大毗婆沙論》卷一八三也說，地神恒衛護佛陀，並告知諸天佛陀轉法輪事。而據玄奘大師在《大唐西域記》卷八中記載，後人為念其報魔至及為佛證明的功德，而在迦葉波佛精舍西北二甎室中造立其像。

堅牢地神

⊙地天的形像

此尊尊形，於密教胎藏界曼荼羅中置男女二天。男天身呈赤肉色，戴寶冠，左手捧鉢，鉢中有鮮花，右掌向外，安胸前，坐圓座上。女天則居男天左側（或後方），身白肉色或赤肉色，頭戴寶冠，左手置於股上，右手安胸前，亦交腳坐圓座上。而於金剛界曼荼羅成身會者，則是呈白色女身形，開兩臂抱持圓輪，寶冠中有半月。

⊙地天的種子字、真言

種子字：（pṛi）或（vi）

【真言】

南麼① 三曼多勃馱喃② 鉢嘌體毗曳③ 莎賀④

namaḥ① samanta-buddhānāṃ② pṛthiviye③ svāhā④

歸命① 普遍諸佛② 地天③ 成就④

訶利帝母（鬼子母神）

【特德】 訶利帝母為四大天王之眷屬，具大勢力，能滿足眾生長壽、祛病、子嗣緜延之祈願。

訶利帝母（梵名Hārītī），梵音漢譯作訶利帝，意譯又作歡喜母、鬼子母、愛子母，爲一藥叉女。在胎藏曼荼羅中位列外金剛部院。又爲四天王之眷屬，有大勢力，若有疾病、無子息或欲求壽者，饗食或如其法修持，咸皆遂願。

訶利帝母相傳有五百子，於往昔喜食王舍城中眾人之幼子，後佛陀匿其子於鉢中，令其遍尋不得見，哀痛欲狂。後至佛所，求佛慈悲，使其母子得見。佛陀遂訓誡之。訶利帝女聞佛陀教誨，頓然悔悟，從此便依佛教，不但不再危害世人，並接受佛陀「於我法中，若諸伽藍，僧尼住處，汝及諸兒常於晝夜勤心擁護，

訶利帝母

勿令衰損，令得安樂，乃至我法末滅已來，於贍部洲應如是作」的咐囑。

佛陀也慈悲地允諾鬼子母，「於贍部洲所有我聲聞弟，每於食次出眾生食，並於行末設食一盤，呼汝名字，並諸兒子，皆令飽食永無飢苦。」以免鬼子母及其子，不再食人幼子後，無食可食。

另於《鬼子母經》中則說此母生有千子，五百子在天上，五百子在世間，千子皆爲鬼王，一一王者從數萬鬼。

訶利帝母除可予人子嗣、使人安產外，在相關經軌中，並有除病長壽之法，行者如法虔敬修持，皆可卻病延年。如《大藥叉女歡喜母並愛子成就法》中說：「又法，若人患鬼魅病者，准前加持一童女問之，知其病祟所作，即以法發遣彼鬼魅，病人無不除差。」

而《呵利帝母真言經》中也說，欲得壽命長遠者，取骨屢草嫩苗，搵蘇蜜酪，護摩七夜，夜別誦真言一千八遍，一遍一擲火中則長壽。

另於其愛子《冰揭羅天童子經》中亦見有：「又法，取無憂木，於高山頂上燒之，和安悉香作一千八丸擲火中，即得安穩成就，欲令見即見壽命千歲。等長壽法。

⊙訶利帝母及其愛子的形像

關於訶利帝母及其愛子的樣貌，在《阿娑縛抄》卷第百四十中描述其相貌爲：作天女形，極令姝麗，身白紅色，天繪寶衣，頭冠耳璫，白螺爲釧。種種瓔珞莊嚴其身。坐寶宣臺，垂下右足，於宣臺兩邊傍膝各畫二孩子，其母左手，於懷中抱一孩子，名畢哩孕迦，極令端正；右手近掌乳吉祥果。於其左右，並畫侍女眷屬，或執白拂莊嚴具。

至於其愛子像則作童子形，具足兩手各把果子與人頭上作三髻角子。又說，童子形頂上有五朱峰髻子，相好圓滿，以種種瓔珞莊嚴其身，於荷葉上交腳而坐。右手掌吉祥果子，作與人勢，左手揚掌向外垂展五指，名滿願手。

⊙訶利帝母（鬼子母）真言

唵① 弩弩摩哩迦呬諦② 娑嚩賀③

oṁ① dundumālikāhite② svāhā③

歸命① 努努摩哩迦呬諦（頸飾青鬘的鬼子母神）② 成就③

雪山五長壽女

【特德】 雪山五長壽女，分別執掌眾生福壽、先知、衣田、財寶和牲畜，修其法能消除瘟疫，長壽自在。

雪山五長壽女，爲西藏佛教的長壽尊之一，又稱吉祥長壽五母，爲蓮師之智慧空行母，亦是大成就者密勒日巴尊者的五位秘密空行母。

其分別爲∶長壽自在母，又名吉祥長壽母、長壽自在佛母。翠顏佛母，又名金剛憤怒母。貞惠佛母，又名金剛笑母妙音天母。冠詠佛母，又名金剛天女受用明妃。施仁佛母，又名金剛舞女。或有說此五長壽女爲無量壽如來的幻化，將之

雪山五長壽女

視為五長壽佛的化現。

相傳，五長壽女的故鄉，就在美麗的珠穆朗瑪雪山的山腳下。這裡有五座冰雪的湖泊，常映現著不同的奇幻顏色，就如同五長壽女的身色。另外也有說此五長壽女居住在拉几康雪山。

傳說，雪山五長壽女神在卡熱桑瓦洞中，遇到了蓮花生大士，她們想以廣大的神通力量壓伏蓮師，於是發動了十八種天魔、丹瑪女神、山神與無邊的鬼神眾，卻都無法撼動蓮花生大士。最後她們幻化出最可怖的形貌與神力，還是被蓮花生大士以神力手印壓伏於掌下。

雪山五長壽女迫不得已，將名號與命根精要心咒供養蓮師，並立下三昧耶誓願，永遠服從蓮師的教化。蓮花生大士為她們開示了因果報應之理，並囑咐她們永遠守護佛法。

而在密勒日巴大師歌集中，也記載有密勒日巴尊者教化雪山五長壽女的因緣。據載，當密勒日巴尊者在雪山修行時，曾屢次遭到五長壽女的侵擾，後來終被尊者的廣大悲心與證量所懾服。

歌集中說，有一次，一處名爲汀瑪珍的商鎮一帶，突然同時流行種種極爲嚴重之傳染病，如天花、痢疾等等，一時人畜死亡，不計其數。

一日傍晚，一個十分美麗的女子來到尊者面前。她身著白綢長袍，上面繡著紅花與火舌的圖案，衣邊以五種珠玉嚴飾；裙之上端鑲有珍珠絲帶纓絡；腰間繫以金剛鑽石之串鍊，頸間亦掛有金製的飾物。她來到尊者的面前，頭面禮足，繞匝七週，後對尊者說，由於其大姊病重，故特來迎請尊者前去加持。

密勒日巴尊者知道這位女子是長壽女的化現，即允諾前往。

於是女子便取出一條白絲帶來，將絲帶拋向空中，說道：「我們就乘這條絲帶去吧！」

尊者就用腳踏上了絲帶，一剎那間如閃電般就到了對面雪山的中間。

在碧天王母雪山的左頸處，出現一個白綢作的帳蓬，入口處掛著金質的帳幕。帳蓬的繩索是用寶石所成，撐柱是以海螺所成，而拴帳蓬的釘橛則是用玉石作的。帳蓬中躺臥著另一位美麗的女子，其長長的髮髻上有纓絡嚴飾。只見她形容憔悴，身體顫抖，火熾的眼睛滿佈著紅絲。看見尊者來到，她勉力抬頭向尊者說道：「尊者啊！我這個病實在太嚴重了！請您要開示和加持我才好啊！」聽了長壽女的祈請，尊者詳細的向長壽女詢問起發病的因緣。

長壽女答道：「此病的起因是不久前夏天的時候，這一帶的牧童放了一把大野火燒山，我被烟火的毒氣所薰，所以染上了此病。前幾天，在秋季初月下旬，我覺得有點不舒服，挨到今天秋季中，身體已痛苦萬分，實在受不住了，所以才特別向尊者求救，迎請您到這裡來。在病中，我口中所呼出的毒氣，接觸到本地的人民，以致發生各種傳染病，這就是近來這一帶瘟疫流行的緣故了。」

尊者聽了長壽女發病及瘟疫流行的緣由後，便訓誨長壽女應謹守三昧耶戒，不得危害眾生，並立即消滅瘟疫。而長壽女也誠懺悔，並再三懇切祈求尊者加持。於是當晚，尊者就爲長壽女作金剛薩埵百字明除障法，並多次替她至心祈禱上師及三寶，又爲她灌尊勝佛母長壽頂，並連續七日爲她加持，而長壽女也完全康復。

康復之後，長壽女於是向尊者說：「因爲緣起互依的緣故，如果我們這些山神身體健康快樂，此地的鄉民也自然會逐漸康樂的；要使鄉民速得痊癒，必需了解我們這些世間空行母們，有一個共同的誓約，那就是一人不好，大家也就都不好，造成混亂不安。這樣一來，這個世界的各天人鬼靈也一齊動搖不寧。他們也會爲我們支援的。當前如果要去除疫情，則要廣集人眾，多唸誦『如來頂髻心要陀羅尼』，宣講大乘甚深經典，常用淨瓶（明咒）淨洗身體。並在各村鎮處結界禁足，隔離來往。以紅白各種鮮菓供品會供，興辦大形食子。食子上要以各種食物嚴飾，以此種種功德迴向，如此瘟疫就會很快的滅跡了。」

蜜勒日巴尊者，依長壽女所說教導大眾，大眾如法修持，不久瘟疫果然全部滅跡了。

雪山五長壽女，這五位佛母依次爲執掌福壽、先知、衣田、財寶和牲畜的神祇，亦是密宗的五護法空行母。其中，特別以中央吉祥長壽母，能賜予眾生長壽自在。

雪山五長壽女神的身形，由於傳承不同，所示現的因緣也會有些差異。其以中央吉祥長壽自在母爲首。她的身相潔白，臉頰上泛著淡淡的紅色，年輕而美麗。她的右手持著希望之珠，左手持著一枝占卜的神箭，箭尾繫有一個用白海螺所做成的骰子和一面鏡子。骰子象徵著三界的吉祥。她身穿白色的絲衣、孔雀羽毛所製成的斗篷，頭戴著絲頭巾。或另有說其身相爲白色，右手持金剛杵，左手持長壽寶瓶，騎白色雪山獅。

長壽天母的前面是東方翠顏天母，雙手各持著占卜魔鏡，或有說身藍色，右持寶鏡，左手執五色寶幡，騎著藍紋斑馬，或有說騎野驢。右邊是南方女神貞惠天母，手持裝滿寶石的財寶盤（或說身黃色，右手拿寶盤，左手施與願印，以黃色老虎爲座騎。）

後邊（西方）的是女神冠詠天母，穿著一件孔雀羽毛斗篷，托著一個裝滿珍寶的平盤或有作右手持寶匣，左手捧摩尼寶，座騎爲白騾，或說坐珊瑚紅雌鹿。左邊（北方）是女神施仁天母，手持盛滿鮮奶的長把勺（或右手持稻穗上揚，左手捉青蛇，以碧龍爲座騎）。這五位吉祥五長壽女神的身姿都做舞蹈狀。身穿白絲衣，身上裝飾著珍貴的寶石，手中都揮舞著一枝占卜神箭。

⊙五長壽女真言

嗡 嘛嘛 魯魯 紀答達喇 美住地 救扎

ཨོཾ་མ་མ་རུ་རུ་ཀྲི་ཏ་ཏ་ར་མེ་ཛི་ཏི་སྭཱ་ཧཱ།

嗡 比給 木答 救扎

ཨོཾ་བཱི་ཀེ་མུ་ཏ་སྭཱ་ཧཱ།

嗡 呀紀 幸幸 救扎

ཨོཾ་ཡ་ཀྲི་ཤིང་ཤིང་སྭཱ་ཧཱ།

嗡 阿微 喇尼 救扎

ཨོཾ་ཨ་བི་ར་ཎི་སྭཱ་ཧཱ།

嗡 沙里 定定 卡地 家納 救扎

ཨོཾ་ཤ་རི་ཏིང་ཏིང་ཁ་ཏི་ཀྱཱ་ན་སྭཱ་ཧཱ།

第3篇

長壽延命的經典

緒論

人類的生命苦短，在不到百歲的壽命當中，又時常遭遇到各種的障難、橫禍，因此早夭、多病、橫死者是常見的事，就算是能享天年，也依然還感到壽命的短促。

佛法是生命的希望、光明，佛法能使眾生離苦得樂。因此為了使眾生能夠消除災障，增益壽命來圓滿世間、出世間的福德，修證成就無上菩提，因此無數的佛、菩薩護念眾生，使眾生能具福延命、長壽自在來修證佛法。而且有許多的經典，開出了延命長壽的法門，使眾生無病延命、具力長壽、息災除苦，乃至成就無上的菩提。

這些法門，就如同《聖六字增壽大明陀羅尼經》中所說：此法門能夠消除災患、增益壽命，受持者不但自身得利，甚至他人，都能夠長夜安穩、遠離眾苦、長壽無病、眾惡不侵，並得到不可思議的功德。

在佛法中，無病長壽、延命增福，絕對不只是爲了滿足眾生基本的生命意欲與世間福報，而是有更深廣的意義。因此，延命長壽的法門，是讓我們所獲得增長的自在壽命，能更加健康，有力的具足智慧、悲心，修習菩薩行，乃至圓滿成佛。

這如同佛陀在《佛說造塔延命功德經》中所說，當相師爲波斯匿王占相，說他七日之後，必當壽盡，驚恐的波斯匿王向佛陀求救。佛陀告訴波斯匿王說：「大王善自安慰，勿得憂怖，諸佛如來有善方便，能令大王獲殊勝利，近延壽命，當得阿多羅三藐三菩提。」

不論是爲了生命中無常現實的苦迫、壓力，在災障、橫難中面臨壽命短促、福德淺薄的干擾，而生起修習延命長壽法門的心。或是爲了能使生命更加圓滿，以度脫更多的眾生，善盡菩薩的妙行而修習這個法門。不管是爲了自己修或爲了親友、他人、乃至一切眾生修習，延命長壽的諸佛菩薩本尊乃至諸經法門，之所以能夠加持修習者具命長壽自在，除了世間的福德因緣外，最主要的是要使一切眾生修習圓滿菩提直至成佛。

因爲真正的佛法，不是爲了微小因緣而存在，也不只是滿足世間的有漏福報而已。而是要成就真正無量、無盡、無上的大福德、大因緣。當然，佛法能滿足眾生世間的善願，能使眾生延命長壽、具足福報。但是佛法要給眾生的更多，不只賜予眾生能夠滿願自在，而且不斷增長眾生的心願，直到究竟圓滿。所以，佛法能先行延續眾生的壽命，使眾生更長壽自在，最後要圓滿的，卻是佛陀不壞的金剛壽命，如阿彌陀佛的無量壽命一般。這才是諸佛真正的心願。

在本書中，爲了使大眾能夠無病延命、長壽自在得利，所以特別收錄各種能夠延命長壽的經典法門，讓大家能夠受用這些法門自在得利，自在長壽的生活在光明幸福與無上佛道中。這些延命長壽的經典是：《金剛般若波羅蜜多經》《佛說造塔延命功德經》、《護命法門神咒經》、《金剛壽命陀羅尼經》、《佛說北斗七星延命經》、《除一切疾病陀羅尼經》、《佛說大聖無量壽決定光明王如來陀羅尼經》、《聖六字增壽大明陀羅尼經》等。

這些經典的法門，都是佛陀爲了使大眾延壽自在而宣說的，大眾如果能時常讀誦、受持，自然能延命長壽，滿足一切心願了。

在大眾如法一心的修持這些護命法門時，將獲得不可思議的種種利益。或許這就如同《護命法門神咒經》所說，持誦此陀羅尼，可以獲得二十種的功德。這二十種功德是：

一、當得諸佛之所攝受。

二、常為諸佛之所憶念。

三、當得永離受惡趣業。

四、當得長壽富貴。

五、當得名稱遠聞。

六、當得勇猛威力。

七、恆常無病復能精進。

八、常為諸佛之所覆護。

九、復為諸天之所憶念。

十、勤修善行。

十一、當得光明歡喜正念。

十二、當得諸相具足。

十三、得無所畏。

十四、當得具足尸羅。

十五、當得成就一切善根。

十六、當得諸天守護。

十七、當得諸龍守護。

十八、當得藥叉守護。

十九、當得一切世間之所敬愛。

二十、速疾得阿耨多羅三藐三菩提。

我們可以發覺這二十種功德，包括了世間到出世間的廣大善利，是任何人心中的期望。其實，如果一心的修持延命長壽的本尊、法門及諸經陀羅尼門，也能獲得以上的二十種善德利益。希望大家都能得到這些世間與出世間的利益，心願圓滿，並圓證無上的菩提。

金剛般若波羅蜜多經

【功德】

金剛經廣為中國佛教徒所誦持，功德極為廣大，歷來有關誦持此經而得以消災、延壽的效驗，屢見於書。

《金剛般若波羅蜜多經》（梵名 Vaj-racchedikā-prajñāpāramitā-sūtra）全一卷。姚秦．鳩摩羅什譯略稱《金剛般若經》《金剛經》，是一本對中國佛教的修行人產生很深遠影響的經典。自古講説註疏此經者特多，廣爲大眾所諷誦與研讀。

在禪宗的歷史中，達磨初祖來中土以《楞伽經》印證學人，教授開示禪者。到了五祖弘忍之後，就轉以《金剛經》來印心，六祖惠能便因聽聞此經之經文而開悟。據《六祖壇經》記載，當時，五祖於夜半爲六祖傳授《金剛經》，至「應無所住而生其心」時，六祖言下大悟，而讚嘆説：「何期自性本自清淨！何期自性本不生滅！何期自性本自具足！何期自性本無動搖！何其自性能生萬法！」五祖便印可之而傳衣鉢給他，惠能就成爲禪宗第六祖。這是《金剛經》能令人證悟的著名例子。因之，此經與中國佛教的因緣，也就連綿不斷了。

本經在中國自古以來，有六種譯本：

(1)《金剛般若波羅蜜經》姚秦三藏法師鳩摩羅什譯，也就是我們現在所流通使用的版本。

(2)《金剛般若波羅蜜經》北魏．菩提流支所譯。

(3)《金剛般若波羅蜜經》陳．真諦譯本。

(4)《金剛能斷般若波羅蜜經》隋．笈多譯。

(5)《能斷金剛般若波羅蜜多經》收於《大般若經》卷五百七十七的〈第九能斷金剛分〉中，唐．玄奘大師所譯。

(6)《能斷金剛般若波羅蜜多經》唐．義淨譯。

這六種版本，在名稱上總約有兩種：一是《金剛般若波羅蜜經》；二是《能斷金剛般若波羅蜜多經》。在其意義上也有兩種：一是不壞宛如金剛一般的般若波羅蜜經；另外一種是能斷金剛，連金剛皆可斷壞的般若波羅蜜經。以上兩種說法都代表這是一部堅固、能除一切迷惘、現證般若的經典。而在六祖惠能大師所著的《金剛經口訣》序裡則說此經以無相爲宗，無住爲體，妙有爲用。

金剛經與中國佛教徒之關係極爲深遠，古來持誦者極爲眾多，而歷代以來有關誦持此經的靈異效驗更是傳聞不斷，或有因之消災除厄者或有現瑞相者，不一而足，而其祛病延壽之效驗更屢見於書。

相傳，梁天監年間，有位琰法師，十一歲即出家作沙彌，住在長安招提寺。有一次，琰法師請一位精於看相的人幫他看相，相師凝神注視後，對琰法師說：「你的相貌，非常聰明，智慧不凡，只可惜面帶夭壽相，恐難活過十八歲。」

法師爲此深感憂懼，於是四處請益，如何能得延壽。結果，很多人都建議，依佛法的道理，受持金剛經的功德最大，如能依法受持，必得長壽。

因此，法師便依言，摒棄萬緣，入山精勤受持金剛經，日夜不輟。

某天深夜，法師見到房中顯出五色光明，一位身高五尺的梵僧告訴他說：「本來你的世壽僅有十八歲，如今一心受持金剛經，藉此殊勝功德，可以延壽。」

說完就消失不見，法師從此更加精進的修持。

多年以後，法師又去尋訪先前的相師，看看現在的相貌究竟變得如何。相師仔細地端詳後，非常驚訝的問琰法師：「想不到今天竟然還能跟你見面！你是否曾作什麼陰德，以致終使夭壽之相全然而改變而出現長壽之相呢？」

法師說：「我只是專心持念金剛經而已。」並將多年修持的經過詳加敘述，相師讚歎說：「我在塵俗中賴看相謀生，雖知積德可以延壽，不料佛法的功德，竟是如此殊勝，太不可思議了！」

後來琰師活到九十二歲才坐化。臨終時，異香滿堂，人人稱奇。

又據說，在唐朝時，有位法正和尚，每日持誦《金剛經》二十一遍。當他年居六旬時。有一天因病而死。死後入冥府中，冥王問他：「師父生平作何功德？」法正回答道：「經常受持《金剛經》。」

冥王一聽肅然起敬，向他拱手作禮，請他在繡座念經七遍。法正誦經時，冥間的侍衛們，都合掌靜聽，階下也停止行刑。待法正誦經畢，冥王特別走下臺階說：「上人增壽三十年，希望你勤誦不輟，命終必能出離生死。」

隨後，冥王派一位冥史送他返陽。他走了數十里，看到前面有一大坑，深不見底。冥吏從背後將他推入坑中，法正於是醒了過來，才知自己已經死去七日，唯有面部未冷。

荊州的常清和尚，親眼看見法琰復活，直到八十多歲仍然活著。

由以上種種持誦《金剛經》的感應記，可知《金剛經》不可思議的功德力，及《金剛經》在中國普遍受到崇仰的情形。

◎金剛般若經真言

那謨① 婆伽跋帝② 鉢喇壤③ 室波羅弭多曳④ 唵⑤ 伊利底⑥ 伊室利⑦ 輸盧馱⑧ 毗舍耶⑨ 毗舍耶⑩ 莎婆訶⑪

namo① bhagavate② prajñā③ pāramitāye④ oṁ⑤ iritri⑥ iśri⑦ śrotra⑧ viṣaya⑨ viṣaya⑩ svāhā⑪

《金剛般若經》真言只見於唐，鳩摩羅什的譯本中，其他中文譯本中並無此真言。

佛說大乘聖無量壽決定光明王如來陀羅尼經

本經是如來為憐憫短命眾生所說；若有受持讀誦此經者，能增益壽命，滿足百歲。

【功德】

《大乘聖無量壽決定光明王如來陀羅尼經》乃佛陀爲愍念未來世中一切短命眾生，令增壽命，得大利益，所宣說的不可思議祕密甚深微妙勝法。

據經中所載，當時佛在舍衛國祇樹給孤獨園的法會中，首先告訴大慧妙吉祥菩薩彼無量壽決定光明王如來的淨土莊嚴：「汝等諦聽，從是南閻浮提。西方過無量佛土，有世界名無量功德藏，國土嚴麗，眾寶間飾，清淨殊勝，安隱快樂，超過十方微妙第一。於彼無量功德藏世界之中，有佛名無量壽決定光明王如來無上正等菩提，今現住彼世界之中，起大慈悲爲諸眾生演說妙法，令獲殊勝利益安樂。」

此無量決定光明王如來有不可思議的殊勝功德，據佛陀說，如果有眾生聞是無量壽決定光明王如來名號，若能志心稱念一百八遍，如此短命眾生復增壽命，或但聞其名號，志心信受遵崇之者，是人亦得增益壽命。

佛陀復宣說無量壽決定光明王如來一百八名陀羅尼以利益一切眾生，此陀羅尼曰：

曩謨婆誐嚩帝阿播哩弭路愈霓野曩素尾[寧*頁]室止怛帝叫[口*祖]惹野怛帝他誐哆野囉賀帝三麼藥訖三沒馱野怛儞也他唵薩嚩僧塞迦囉波哩舜馱達嘌麼帝誐誐曩三母努蘖帝娑嚩婆嚩尾舜弟麼賀曩野波哩嚩黎娑嚩賀

如果有受持此無量壽決定光明王如來一百八名陀羅尼，能得延壽長命。據經中云，若有人親自書寫、或教他人書是陀羅尼，安置高樓之上，或殿堂內清淨之處，如法嚴飾種種供養，短命之人復得長壽，滿足百歲。如是之人於後此處命終，便得往生於彼無量壽決定光明王如來佛剎無量功德藏世界之中。

再則，凡有受持讀誦、見聞此經者，悉能獲得無量的利益，據經中說，得見此無量壽決定光明王如來陀羅尼經，功德殊勝及聞名號，若自書寫，若教他人書是經竟，或於自舍宅或於高樓，或安精舍殿堂之中，受持讀誦、遵奉禮拜，種種妙華燒香粖香、塗香華鬘等，供養無量壽決定光明王如來陀羅尼經，如是短壽之人，若能志心書寫受持，讀誦供養禮拜，如是之人復增壽命滿於百歲。

又說，若復有人若自書，若教人書，如是之人若有五無間地獄之業，由是功德力故，其業皆悉消除。於後不墮地獄、不墮餓鬼、不墮畜生、不墮閻羅王界業道冥官、不墮魔王及魔眷屬、不墮藥叉道中，永不於是諸惡道中，受其惡報。如是之人由是書寫此《無量壽決定光明王如來陀羅尼經》功德力故，於後一切生處，生生世世得宿命智，不墮非橫死亡，永不受是諸惡果報。

金剛壽命陀羅尼經

【功德】

若有如法修持此陀羅尼，過去所有惡業罪障、短命夭壽因緣，由此陀羅尼故，信心清淨，業障銷滅，更增壽命。

《金剛壽命陀羅尼經》，是佛陀爲悲憫大自在天故，入於金剛壽命三摩地，使其延續壽命。

經中並說：當初釋尊依金剛頂瑜伽經，毗盧遮那報身佛，於色界頂第四禪，成等正覺，即下須彌頂金寶峯樓閣，於是盡虛空遍法界一切如來，皆悉雲集前後圍遶，異口同音地祈請：「惟願世尊轉微妙法甚深祕密四種法輪，所謂：金剛界輪、降三世教令輪、遍調伏法輪、一切義利成就輪。」

如是四種法輪，從毗盧遮那如來心中流出，一一輪皆有三十七聖者，一一真言，一一三摩地，一一印契，威儀執持大悲願力，於淨染相雜的佛世界及清淨勝妙的佛世界，或是隱密或是顯現輪轉利樂、度化一切眾生等各各不同。」

毗盧遮那佛受一切如來的祈請之後，欲轉法輪時，即入於三摩地，觀見摩醯首羅天等天眾剛強難化，執著邪見，並非是佛陀寂靜大悲之身，可以立即調伏的。

於是世尊即入於忿怒三摩地，從胸臆五峯金剛菩提心中，流出四面八臂，威德熾盛，赫奕難覩之降三世金剛菩薩身。此化身金剛遍禮毗盧遮那及一切諸佛之後，請同世尊：「唯願世尊示教於我，何所爲作？」

佛陀告訴降三世菩薩：「你現今前往調伏難以教化的諸天，使其歸依諸佛法僧發菩提心。」諸天盡皆歸依，只有大自在天自恃大威德企圖相拒敵。於是降三世以種種調伏苦治，乃至於斷其性命。

此等毗盧遮那佛入於悲愍大悲三昧耶，說金剛壽命陀羅尼，便入金剛壽命三摩地，結印契加持摩醯首羅天，使其還得蘇醒，並更增延壽命。於是摩醯首羅天就歸依諸佛灌頂，授記證得八地。

經中並說：「如果有善男子善女人，受持念誦日各三時時別千遍，過去所有惡業因緣、短命夭壽，由持此陀羅尼故，信心清淨，業障銷滅，更增壽命。若有修習三摩地者，現生不轉父母生身，獲五神通，凌虛自在。」

⊙金剛壽命真言

唵　嚩日羅(二合)喻曬　娑嚩(二合)賀(引)

護命法門神咒經

【功德】 此經乃佛陀為一切有情所宣說的擁護壽命的微妙法門。

本經爲佛陀應金剛手菩薩之請，爲一切有情宣說擁護壽命的微妙法門。

經中說：「唯願如來應正等覺，爲諸有情說擁護壽命微妙法門，由此法門與一切有情，作大光明作大覆護，令彼有情得無所畏，一切怨讎、諸惡知識，若天、若龍、若藥叉、若羅剎、若部多鬼、及鳩畔荼人、非人等，彼終不能起於惡心，而爲嬈亂，奪其精氣，若遇刀劍、飲食、毒藥，厭禱諸患不能爲害。若有眾生行、住、坐、臥、睡眠、惛醉及以醒覺，於一切處我能守護，唯願世尊利益一切諸有情故，演說如是種種神呪。」

除此之外，金剛手菩薩也特別爲一切菩薩行者，祈請如來加護：「擁護一切諸善男子善女人住菩薩乘者。勿令鬪諍罵辱毀呰，心懷怨結，及諸病苦，非時夭橫。」

於是佛陀即宣說護命法門，名爲善門：

怛姪他鄔俱一　莾俱二　鄔俱摩比尼三　畔柁四　儞婆羅者麼儞五　婆虎梨婆虎梨六　[扌+衣]虎七　虎虎梨八　跋頞耶九　莎訶十

如來說此灌頂陀羅尼呪之後，又說諸佛之所護念陀羅尼呪長壽法門：

怛姪他跋折嚟跋折嚟跋折嚟一　跋折囉柁嚟二　跋折囉婆底三　跋折囉蘗底四　跋折囉柁啼五　斫訖囉跋折嚟六　斫訖囉柁嚟七　麼嚟八　柁嚟柁嚟九　鼻嚟鼻嚟十　莾嚟質嚟十一　虎虎嚟十二　朋伽鼻鼻嚟十三　始嚟十四　嚟嚟尸十五　主主嚟十六　嚕嚕旨十七　婆嚟者犁十八　主嚟莾嚟者嚟十九　曼茶嚟二十　茶儞二十一　薩婆播跋鼻那捨儞二十二　薩婆嚕伽

鉢囉奢末儞二十三 阿迦羅蜜哩柱鉢囉底鎩柁儞二十四 夜婆柱婆婆奔那奔囉底鎩柁彌二十五

怛姪他曼茶彌一 伽伽囉尼二 謨茶儞三 三鉢囉謨茶儞四 那捨儞五 三鉢羅

那捨儞六 薩婆毗啼鉢攞捨末儞七 夜婆杜娑婆奔那阿迦羅蜜哩柱鉢囊底鎩柁彌八

怛姪他那捨儞一 那捨儞二 畔柁儞畔柁儞三 瞋陀瞋陀四 鼻嚟弭嚟五 娑嚟六

訶怛泥七 跋嚟八 婆嚟婆嚟九 毗啼十 毗嚟毗嚟毗嚟十一 烏沙嚟十二 奢囉泥十三 婆

囉婆嚕泥十四 婆囉迦茶曳十五 婆囉嗷摩遮哩尼十六 因達羅婆底十七 地地囉野尼十八 納

慕莫醯濕筏囉囉曳儞十九 紇唎師婆社禰二十 播跋闍歌儞二十一 迦羅波地儞二十二 部多婆

地儞二十三 薩多羯挮二十四 素摩跋低二十五 素摩奔囉鞞二十六 莎訶二十七

但姪他嗷囉嗷囉一 呬犁二 莎訶三

怛姪他揭雉多一 鉢雉多二 阿曳那三 阿嚟蟾跋泥四 翳迦羯柁泥五 補多囉

茶嗷儞六 末伽毗盧嗷儞七 虎娑跋底八 虎娑跋底九 補娑跋底十 補娑跋底十一 呬

梨呬梨十二 也他闍耶十三 也他阿者儞十四 也他鉢嚂者十五 也他跋監十六 也他跋折嚂十七

也他訶哩柁監十八

經中並說，持誦此陀羅尼，可以獲致二十種功德：一、當得諸佛之所攝受。

二、常爲諸佛之所憶念。三、當得永離受惡趣業。四、當得長壽富貴。五、當得名稱遠聞。六、當得勇猛威力。七、恒常無病復能精進。八、常爲諸佛之所覆護。九、復爲諸天之所憶念。十、勤修善行。十一、當得光明歡喜正念。十二、當得諸相具足。十三、得無所畏。十四、當得具足尸羅。十五、當得成就一切善根。十六、當得諸天守護。十七、當得諸龍守護。十八、當得藥叉守護。十九、當得一切世間之所敬愛。二十、速疾得阿耨多羅三藐三菩提。

佛說造塔延命功德經

【功德】 此經廣宣造塔延命廣大之功德，如法修之，能得壽命長遠，身常無病，重罪盡滅，善神擁護，成就究竟不壞之身。

《佛說造塔延命功德經》，爲佛陀在舍衛國祇樹給孤獨園時，應波斯匿王的祈請所宣說，而廣開造塔延命功德。

關於此經宣說的緣起，據經中記載：有一位相師預言波斯匿王在七日後壽命當盡，因此波斯匿王即在眾會中，向佛陀祈請道：「希有世尊，相師占我，卻後七日，必當壽盡，我為無常苦所逼惱，無所依仰來投世尊，唯願世尊為我救護！云何令我得離憂苦！」

佛陀聽了波斯匿王的祈求後，就安慰波斯匿王：「大王善自安慰，勿得憂怖，諸佛如來有善方便，能令大王獲殊勝利近延壽命，當得阿耨多羅三藐三菩提。」於是佛陀即為波斯匿王宣說此經。

接著佛陀告訴波斯匿王：「若欲免離無常苦惱，超入如來法身壽量，應先發心持佛淨戒，修最上福，能發此心，延王壽命。」於是國王就請問佛陀應發何等心，持何等戒，修何種福？

佛陀就教導大王：所謂發心，是指發慈、悲、喜、捨四無量心；而持戒者，應持不殺戒；至於修上福者，則無有過於造塔、悲愍救護一切眾生之福德。若能如此，諸天善神常來守護，不相捨離如影隨形，發生大王無邊福利。建立佛塔之德利益難思，是三世如來所共稱讚。

然後，佛陀還爲波斯匿王，舉了一個往昔一小兒造塔延命的事例，佛陀說：乃往古昔，有一小兒於此地牧牛，有諸相師來共占相謂言：「此牧牛兒，卻後七日必當壽盡。」過後，是牧牛兒一日，與諸小兒聚沙爲戲，中有小兒摧沙爲堆，言作佛塔，高一磔手，或二或三至四磔手。時此小兒戲聚沙塔，高一磔手，因此造塔因緣，卻後更延七年壽命。

又，於聚沙時，有辟支佛持鉢而行，時諸小兒以嬉戲心，將沙奉施言：「我施麨。」時辟支佛引鉢受之，以神通力沙變成麨，當時諸小兒見此因緣，皆悉獲得清淨信心。時辟支佛與諸小兒悉授記莂作如是言：「汝諸童子所造之塔，高一磔手者，於未來世作鐵輪王，王一天下；二磔手者，作銅輪王，王二天下；三磔手者，作銀輪王，王三天下；四磔手者，作金輪王，王四天下。」

佛陀告訴大王：「時諸小兒以嬉戲心造如是塔感如是果，何況大王發至誠心？若有善男子善女人以決定心如法造塔，乃至一肘量、一磔手、一指節、一穬麥，所得功德無有限量。常有諸天雨花供養。」

在經中，佛陀爲波斯匿王宣說了造塔不可思議的福德利益，並說其可延年益壽。解除波斯匿王七日將命終的厄難後，佛陀就爲王詳細的解說造塔的心要、軌儀法則。

據佛陀所述，欲造塔時，應當先於一切眾生起大悲心，作爲先導，並以菩提心而爲根本。具足了然後才淨地作壇供養。瞿摩夷塗之，燒香散花，面正東坐，作是思惟：「兩項心要，悲心與菩提心，佛薄伽梵，自利利他功德圓滿，復能滿足眾生之願，我今成就第一法身，發菩提心，於薄伽梵所有造塔軌儀法則，一一次第如法奉行。」之後便可依經中所載之儀軌法來造塔。

最後，佛陀再次宣說自造佛塔，或教他作或受持此經者的廣大不可思議功德，有其利益壽命長遠、無橫死、得究竟不壞之身，身常無病、重罪盡滅，四大天王常隨擁護等等功德。甚至爲塔塵所觸者，也永不受雜類之身，常得見佛。

佛說北斗七星延命經

一切大小生命皆屬北斗七星所管，故此經有大威德，能救一切眾生重罪，救度產難，使眾生現世獲福，延命增壽。

【功德】

北斗七星是指貪狼星、巨門星、祿存星、文曲星、廉貞星、武曲星、破軍星等七星。在《北斗七星延命經》中說此七星分別代表東方淨土諸佛：

貪狼星是東方最勝世界運意通證如來佛；巨門星是東方妙寶世界光音自在如來佛；祿存星是東方圓滿世界金色成就如來佛；文曲星是東方無憂世界最勝吉祥如來佛；廉貞星是東方淨住世界廣達智辨如來佛；武曲星是東方法意世界法海遊戲如來佛；破軍星是東方琉璃世界藥師琉璃光如來佛。

經中又說：「此經有大威神、有大威力，能救一切眾生重罪、能滅一切業障。若有比丘僧比丘、宰官居士、善男子、善女人，若貴若賤、大小生命，皆屬北

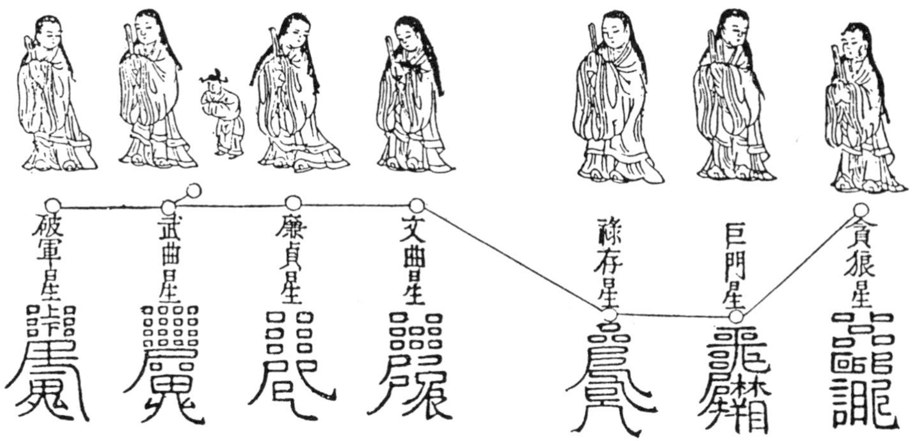

北斗七星

斗七星所管，若聞此經受持供養轉讀，勸於朋友親族骨肉受持者，現世獲福，後世得生天上。」

此外，如果是被鬼魅所侵害，邪魔所嬈亂，或被惡夢怪異魂魄所驚恐，如果能聞此經，受持供養，即得魂魄安寧，永遠無有恐怖。如果有疾病纏身者，欲求康復，應當於淨室燒香，供養此經，如此疾病即如痊癒。

如果有女人懷胎難產，如果能持此經，信受恭敬供養，不但母子皆得厄難消除，而且所生兒女，皆能得到端正長命之果報。

經中又說，此北斗七星管人生命，一生中所有災厄，官事口舌釜鳴百怪，若能得遇此經，信敬供養，一無妨害。

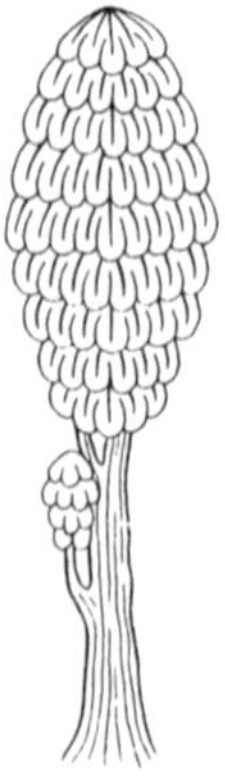

除一切疾病陀羅尼經

【功德】

除一切疾病陀羅尼經，能除去世間腹脹、嗽瘧、寒熱頭痛、著鬼魅等一切疾病，使身心安康吉祥。

在《除一切疾病陀羅尼經》中記載，當初佛陀在祇樹給孤獨園說法時，曾經宣說此陀羅尼能去除世間一切疾病，使身心安康吉祥。

經中云：「爾時世尊告阿難陀言：阿難陀！有陀羅尼，能除世間一切疾病，汝當受持讀誦通利，如理作意。

即說密言曰：

怛儞也他一　尾摩黎尾摩黎二　嚩曩俱枳黎三　室唎末底四　軍拏黎五　嫩奴鼻六
印捺囉儗寧七　母隸娑嚩訶

經中又說持誦此經之功德：「此陀羅尼若誦持者，宿食不消、痰亂、風黃、痰癊、患痔、瘻淋、上氣、嗽虐、寒熱頭痛、半痛、著鬼魅者，悉得除差。」

佛陀又說：「我以佛眼觀見彼人，諸天魔、梵、沙門、婆羅門能作障難，除非決定業報盡者，餘無能違越作其障難。如來、應供、正遍知說，一切有情中如來爲尊勝，一切法中離欲法尊，一切眾中僧伽爲尊，以此誠實言願我及一切有情。食飲喫啖入腹消化得正安樂娑嚩(二合引)訶(引)」

由此可見此真言能除一切疾病之功德。

聖六字增壽大明陀羅尼經

【功德】

若有受持此經法，能消災患、避免水火、兵賊、惡曜等難，療治諸惡重病，使眾惡不侵，長夜安穩，壽命增長。

本經是佛陀因爲阿難尊者有大疾病而宣說，此六字大明陀羅尼，能消災患，增益壽命，如果有能受持者，自身和他人皆能長夜安隱，遠離眾苦。

此六字大明陀羅尼，乃是七十七俱胝佛，及六大威德師所共同宣說。六大師是指⑴如來應正等覺，⑵帝釋天主，⑶多聞天主，⑷持國天王，⑸增長天王，⑹廣目天王。如是聖賢異口同音，宣說此陀羅尼：

難底黎難底黎難覩哩都摩哩半拏哩俱嚕致摩度摩帝娑嚩賀

經中敘述此咒廣大威力：「此六字大明章句有大威力，若復有人王法難中驚怖，大水難中驚怖，大火難中驚怖，賊劫難中驚怖，冤家難中驚怖，眾惡難中驚怖，鬪戰難中驚怖，惡曜難中驚怖，如是諸難害身之時，一心稱念大明章句：『擁護某甲令得解脫！』作是語已，是諸眾難速得消除。」

又說：「若諸有情，患諸疼痛，頭痛、項痛、眼耳鼻痛、牙齒舌痛、脣口頰痛，胸脇背痛、心痛、肚痛，腰痛、胯痛、遍身疼痛，及瀉痢痔瘻風黃痰癊諸惡重病，如前稱念大明章句，佛大威德令一切日月星曜、羅漢聖賢發真實言：『與某甲弟子應作擁護，息除災患令得安樂。』所有刀劍毒藥，虎狼師子蚖蛇蝮蝎，諸惡禽獸皆不為害，瘧病不著亦不中夭，乃至阿波娑摩囉部多毗舍左，鳩盤茶等一切鬼將，悉皆遠離不敢為患。」

此陀羅尼，若有隨喜聽聞者，是人恆得長壽無病，眾惡不侵，如果能受持讀誦書寫供養，功德更加不可思議。

無垢淨光大陀羅尼經

《無垢淨光大陀羅尼經》，能使一切眾生得長壽，淨除一切業障，能為一切眾生作大光明。

【特德】

當初佛陀在迦毗羅城大精舍中說法時，當時彼城中有大婆羅門，名爲劫比羅戰茶，歸敬外道，不信佛法。有善於看相之師告訴他：「大婆羅門！你七日之後必當命終。」當時婆羅門聞是語已，心懷憂愁苦惱，驚懼怖畏，作是思惟：「誰能救我？我當依止誰？」復作是念：「沙門瞿曇人稱爲一切智證一切智，我當前去參詣他，他如果確實是一切智者，必當說出我憂怖之事。」於是他前往佛之住所，於大眾會前遙觀如來，意欲請問，而又心懷猶豫。

當時釋迦如來知道婆羅門心之所念，即以慈軟音告訴他：「大婆羅門！你卻後七日定當命終，墮於可畏處阿鼻地獄，從此復入十六地獄，出脫之後復受旃陀羅身，命終之後復生豬中，恆居臭泥，常食糞穢，壽命長時多受眾苦，後得為人，貧窮下賤，不淨臭穢，醜形黑瘦，乾枯癩病人。」

於是大婆羅門憂愁悲涕，趕緊上前頂禮雙足，而白佛言：「如來即是救濟一切諸眾生者！我今悔過，歸命世尊，唯願救我大地獄苦！」

佛言：「大婆羅門，此迦毗羅城三岐道之處，有一座古佛塔，於中現有如來舍利，其塔崩壞，你應往彼重更修理，並造相輪，樑寫陀羅尼以置其中，興廣大供養，依法七遍念誦神咒，使你之命根還復增長，久後壽終生極樂界，於百千劫受用廣大勝樂。次後又於妙喜世界，亦百千劫如同前一般受樂，後又於諸兜率天宮，亦百千劫相續受樂，一切生處常憶宿命，除一切障礙，滅除一切罪業，永離一切地獄等苦，常見諸佛，恆為如來之所攝護。」

經中並說：「有短命，或多病者，應修故塔或造小泥塔，依法書寫陀羅尼咒，咒索作壇，由此福故，命將盡者，復更增壽，諸病苦者皆得除愈，永離地獄畜生餓鬼，耳尚不聞地獄之聲，何況身受！」

經中並說，當以陀羅尼咒置相輪樑中，以咒王法置於塔內，觀想十方佛至心誦念此陀羅尼：

南謨納婆納伐底喃怛他揭多俱胝喃一　弶伽捺地婆盧迦三摩喃二　唵三　毗補麗　末麗四　鉢囉伐麗五　市那伐麗六　薩囉薩囉七　薩婆怛他揭多馱都揭鞞八　薩底地瑟恥帝薩訶九　阿那咄都飯尼莎訶十　薩婆提婆那婆阿耶弭一十　勃陀阿地瑟侘那二十　三摩也莎訶三十

此外，並：「應燒香相續誦此陀羅尼咒二十八遍，即時八大菩薩、八大夜叉王、執金剛夜叉主、四王帝釋梵天王、那羅延摩醯首羅，各以自手共持彼塔及輪樑，亦有九十九億百千那由他恒河沙諸佛，皆至此處加持彼塔，安佛舍利，由加持故，令塔猶如大摩尼寶，是人由此則為已造九十九億百千那由他諸大寶塔。」

由於行此功德，當得廣大善根，壽命延長，身清淨無垢，眾病悉除，災障消滅，若有見此塔者，得滅五逆罪，聞塔鈴聲，則消諸一切惡業，捨身之後當生極樂世界。

附錄

長壽要則

長壽要則——節錄自陳健民上師《曲肱齋文集》

長壽要則分外、內、密、密密四類。初、外中分心理、生理兩項：

⊙外層的修法

心理

(1)當具自強不息之力。謂我雖年老，我之良心及所計劃之慈善事業永遠年輕，常覺生氣蓬勃，無異壯年。

(2)當具弘毅力。謂我法利生，任重道遠，不可不弘毅。一息尚存，此志不懈，切勿自餒自怯。

(3)當具自信力。謂壽命無定，操之在我。我欲長壽，壽斯長矣。古人如寶掌千歲，龍智七百；今人如虛雲百廿歲。在乎我保養。

(4)當知壽有可延性、可促性。善知長壽要則則可延，不善知則可促。

(5)勿以早衰而疑壽短。古人如王彪之二十髮白而享壽七十三，杜衍四十髮白而享年八十。

(6)憂愁是促壽之魔。凡有不快之事宜立即排遣。樂觀是延壽之法，每覺前途一切有無限希望。

(7)常自慶幸，毋自菲薄。

(8)受大興奮之名利恭敬之刺激時，宜猛然思維無常以沖淡之，以保太和。

(9)常有大願爲利益眾生，願長壽無病。拙偈：「長壽願與健康合，健康願與功德合，功德願與事業合，如此長壽祈加持。」

(10)心中事少，手中錢少，口中話少。拙詩：「修行首在存三少，錢少唯餘餐飯品，話少自然離是非，心中事少誰能擾？」

(11)有聞名家音樂及讀古人詩詞習慣，以涵養太和。

(12)對一切社會慈善事業，不生滿足心、厭倦心。

(13)妒忌心能令人心量褊狹，不得長壽。隨喜他人富貴慈善爲要。

(14)瞋恨心能燒短生命，切忌動怒；怒時宜自制止。

(15)立願利他，努力實行，不知老之將至。

(16)心不老則身不老。

(17)多思神散，多念心勞，多笑臟腑上翻，多言氣海虛脫，多喜膀胱納客氣，多怒腠理犇熱血，多樂心神邪蕩，多愁頭鬢憔枯，多好志氣傾溢，多惡精氣犇騰，多事筋脈乾急，多機智慮沈迷。

生理

(18)飲食必節制，非惟酒無定量，一切飲食亦然，隨人不同量。要不可過饑或過飽。

(19)清淡之菜好於油膩之菜，蒸燉之菜好於煎炒之菜。當自觀食後腸胃之反應良否，不可隨口之所嗜。

(20)魚餒而肉敗不食。

(21)多飲酒則氣升，多飲茶則氣降，多肉食則氣滯，多辛食則氣散，多鹹食則氣墜，多甘食則氣積，多酸食則氣結，多苦食則氣抑。

(22)冬朝勿空心，夏夜勿飽食。

(23)飯後勿操作、思想、看書、看報，但經行或略唱詩歌。

(24)飲食藥物蔬類，當明五味：辛者入肺，能散能橫行；苦者入心，能吐能泄；甘者入脾，能補能緩中；酸者入肝，能收能斂；鹹者入腎，能潤下，能軟堅。

(25)食物之部位：根則下氣，如蘿蔔；葉能散發，如芥菜；芽能生風，如豆芽。

(26)食物之顏色：白入肺，黑入腎，黃入脾，紅入心，綠入肝。

(27)正規生活，及節制飲食，即是自己之明醫。

(28)人無特定之安全醫生能勝過自身之謹慎將護。

(29)慎寒暑，節飲食，寡嗜欲，養精神。

(30)病必有因，能防其因，則必無病。

(31)穿得好不如吃得好，吃得好不如睡得好，睡得好不如墊得好。

(32)古有三叟，一節食，一寡欲，一通氣（不覆頭睡），各得百餘歲。

(33)行如風，住如松，坐如鐘，睡如弓。

(34)日常坐臥姿勢，宜自知矯正，椅桌當合自身尺度。臥如獅子吉祥式側右脇，令左邊通氣；左孔氣長生，右孔氣短壽。

(35)常自振作精神，勿作老態。

(36)生活有常規，作息飲食皆有定時。

(37)戶外運動不可過激，不可全無。

(38)三十而後宜多用左手做事，以救常用右手者之偏勞。

(39)心內憤懣緊張時，心怔忡肉跳，此時宜速作鬆緩運動法。

(40)欲抑制怒氣時，必長吐氣出，以免因忍氣生病。

(41)面宜多擦（可免雞皮），髮宜多梳，目宜常運，耳宜常揉，齒宜常叩，口宜常閉，津宜常咽，氣宜常保，心宜常靜，神宜常存，背宜常暖，腹宜常摩，胸宜常護。

(42)養生有五難：名利不去，喜怒不除，聲色不去，滋味不絕，神志不寧，當立除之。

⊙內層的修法

(43)廣作善事，以立新命，以邀天恩，而得延壽。如袁了凡立命篇立志作若干萬善事，無子得子，無壽則亦可延壽。

(44)供北斗燈，拜北斗，念北斗經，此法道家、佛家皆有之。

(45)大乘依六度積集資糧而得生布施免壽命之障，忍辱抵夭壽之災，持戒積長生之福，精進得長之助，禪定益長生之氣，智慧證長壽之果。

(46)大乘天台宗依六妙法門修正觀，可得長生。

(47)大乘天台宗茹素修念佛法門，得無量壽佛之加持而長生。

(48)依六齋日茹素，發大菩提心，得諸天守護長生。諸天每月於此六日下界視察故。

(49)大乘法性宗，或空宗，或般若宗，或三論宗，依二無我空習定，直證不生不滅之長壽。

(50)每日持誦《金剛經》一篇，終身不間，亦得長生。

(51)印發《大涅槃經》中之〈金剛壽品〉，亦得長壽。

(52)大乘華嚴宗依十玄門修法界觀，亦得長生。

(53)大乘法相宗依五重唯識觀而修，亦得長生。

⊙密層的修法

(54)密宗有長壽法，最普通者如「長壽佛法」、「白度母長壽法」、「尊勝佛母長壽法」。

(55)此上三尊合修之長壽法。

(56)各本尊皆有特具之長壽法，如「蓮師長壽法」、「勝樂金剛長壽法」、「金剛亥母長壽法」、「六臂大黑天長壽法」。

(57)消災延壽佛法。

(58)念長壽咒，結長壽印，佩長壽符，食長壽丸。

(59)諸祖師多以白度母爲本尊，亦取其易於感應而得長壽。此法見拙著《知恩集》。如不能全修，專誦其咒，晝夜六時，四威儀中，心內嘿念不間，亦得長生。

(60)修施身法以除病魔、死魔，亦得長生。

(61)入於隱境而得長生。如迦葉守衣，清辯候佛，皆在隱境中，至今未死。

(62)灌長壽佛頂，造長壽佛相，閉長壽佛關，亦得長生。

(63)依瑜伽部五相成身法，亦得長生。

(64)將身化空，空中代替此身，觀一準字ཧཱུྃ，亦得長生。

(65)睡時觀自身成一金剛杵，橫置床上，亦得長生。

(66)依無上瑜伽部修氣、脈、明點、拙火等，亦得長生。

(67)依金剛誦法（此法亦見拙著《知恩集》），縱令本年當死，亦可延長三年。

⊙密密層的修法

(68)香巴派有無死法，即以大手印根本定爲基礎，於此定上，再加無死觀。此法西藏已少，余雖得之，亦未修成。無大手定證量者，縱得此法，亦不能起修。此派印度祖師成就無死者甚多。西藏如蕩通借波等亦已證得無死。

(69)紅教於且伽上修妥噶身，化虹光而證無死佛。

(70)祖師禪遊戲生死，齊一壽夭，亦證無量壽。

全佛文化圖書出版目錄

佛教小百科系列

□ 佛菩薩的圖像解說1-總論•佛部	320	□ 佛教的塔婆	290
□ 佛菩薩的圖像解說2-菩薩部•觀音部•明王部	280	□ 中國的佛塔-上	240
		□ 中國的佛塔-下	240
□ 密教曼荼羅圖典1-總論•別尊•西藏	240	□ 西藏著名的寺院與佛塔	330
		□ 佛教的動物-上	220
□ 密教曼荼羅圖典2-胎藏界上	300	□ 佛教的動物-下	220
□ 密教曼荼羅圖典2-胎藏界中	350	□ 佛教的植物-上	220
□ 密教曼荼羅圖典2-胎藏界下	420	□ 佛教的植物-下	220
□ 密教曼荼羅圖典3-金剛界上	260	□ 佛教的蓮花	260
□ 密教曼荼羅圖典3-金剛界下	260	□ 佛教的香與香器	280
□ 佛教的真言咒語	330	□ 佛教的神通	290
□ 天龍八部	350	□ 神通的原理與修持	280
□ 觀音寶典	320	□ 神通感應錄	250
□ 財寶本尊與財神	350	□ 佛教的念珠	220
□ 消災增福本尊	320	□ 佛教的宗派	295
□ 長壽延命本尊*	330	□ 佛教的重要經典	290
□ 智慧才辯本尊	290	□ 佛教的重要名詞解說	380
□ 令具威德懷愛本尊*	320	□ 佛教的節慶	260
□ 佛教的手印	290	□ 佛教的護法神	320
□ 密教的修法手印-上	350	□ 佛教的宇宙觀	260
□ 密教的修法手印-下	390	□ 佛教的精靈鬼怪	280
□ 簡易學梵字(基礎篇)*	300	□ 密宗重要名詞解說	290
□ 簡易學梵字(進階篇)-附CD	300	□ 禪宗的重要名詞解說-上	360
□ 佛教的法器	290	□ 禪宗的重要名詞解說-下	290
□ 佛教的持物	330	□ 佛教的聖地-印度篇	200

佛菩薩經典系列

□ 阿彌陀佛經典	350	□ 地藏菩薩經典	260
□ 藥師佛•阿閦佛經典	220	□ 彌勒菩薩•常啼菩薩經典	250
□ 普賢菩薩經典	180	□ 維摩詰菩薩經典	250
□ 文殊菩薩經典	260	□ 虛空藏菩薩經典	350
□ 觀音菩薩經典	220	□ 無盡意菩薩•無所有菩薩經典	260

佛法常行經典系列

□ 妙法蓮華經	260	□ 大乘本生心地觀經•勝鬘經•如來藏經	200
□ 悲華經	260		

- ☐ 小品般若波羅密經 220
- ☐ 金光明經‧金光明最勝王經 280
- ☐ 楞伽經‧入楞伽經 360
- ☐ 楞嚴經 200
- ☐ 解深密經‧大乘密嚴經 200
- ☐ 大日經* 300
- ☐ 金剛頂經‧金剛頂瑜伽念誦經 200

三昧禪法經典系列

- ☐ 念佛三昧經典 260
- ☐ 般舟三昧經典 220
- ☐ 觀佛三昧經典 220
- ☐ 如幻三昧經典 250
- ☐ 月燈三昧經典(三昧王經典) 260
- ☐ 寶如來三昧經典 250
- ☐ 如來智印三昧經典 180
- ☐ 法華三昧經典 260
- ☐ 坐禪三昧經典 250
- ☐ 修行道地經典 250

修行道地經典系列

- ☐ 大方廣佛華嚴經(10冊) 1600
- ☐ 長阿含經(4冊) 600
- ☐ 增一阿含經(7冊) 1050
- ☐ 中阿含經(8冊) 1200
- ☐ 雜阿含經(8冊) 1200

佛經修持法系列

- ☐ 如何修持心經 200
- ☐ 如何修持金剛經 260
- ☐ 如何修持阿彌陀經 200
- ☐ 如何修持藥師經-附CD 280
- ☐ 如何修持大悲心陀羅尼經 220
- ☐ 如何修持阿閦佛國經 200
- ☐ 如何修持華嚴經 290
- ☐ 如何修持圓覺經 220
- ☐ 如何修持法華經 220
- ☐ 如何修持楞嚴經 220

守護佛菩薩系列

- ☐ 釋迦牟尼佛-人間守護主 240
- ☐ 阿彌陀佛-平安吉祥 240
- ☐ 藥師佛-消災延壽(附CD) 260
- ☐ 大日如來-密教之主 250
- ☐ 觀音菩薩-大悲守護主(附CD) 280
- ☐ 文殊菩薩-智慧之主(附CD) 280
- ☐ 普賢菩薩-廣大行願守護主 250
- ☐ 地藏菩薩-大願守護主 250
- ☐ 彌勒菩薩-慈心喜樂守護主 220
- ☐ 大勢至菩薩-大力守護主 220
- ☐ 準提菩薩-滿願守護主(附CD) 260
- ☐ 不動明王-除障守護主 220
- ☐ 虛空藏菩薩-福德大智守護(附CD) 260
- ☐ 毘沙門天王-護世財寶之主(附CD) 280

輕鬆學佛法系列

- ☐ 遇見佛陀-影響百億人的生命導師 200
- ☐ 如何成為佛陀的學生-皈依與受戒 200
- ☐ 佛陀的第一堂課-四聖諦與八正道 200
- ☐ 業力與因果-佛陀教你如何掌握自己的命運 220

洪老師禪座教室系列

- □ 靜坐-長春.長樂.長效的人生 200
- □ 放鬆(附CD) 250
- □ 妙定功-超越身心最佳功法(附CD) 260
- □ 妙定功VCD 295
- □ 睡夢-輕鬆入眠•夢中自在(附CD) 240
- □ 沒有敵者-強化身心免疫力的修鍊法(附CD) 280
- □ 夢瑜伽-夢中作主.夢中變身 260
- □ 如何培養定力-集中心靈的能量 200

禪生活系列

- □ 坐禪的原理與方法-坐禪之道 280
- □ 以禪養生-呼吸健康法 200
- □ 內觀禪法-生活中的禪道 290
- □ 禪宗的傳承與參禪方法-禪的世界 260
- □ 禪的開悟境界-禪心與禪機 240
- □ 禪宗奇才的千古絕唱-永嘉禪師的頓悟 260
- □ 禪師的生死藝術-生死禪 240
- □ 禪師的開悟故事-開悟禪 260
- □ 女禪師的開悟故事(上)-女人禪 220
- □ 女禪師的開悟故事(下)-女人禪 260
- □ 以禪療心-十六種禪心療法 260

密乘寶海系列

- □ 現觀中脈實相成就-開啟中脈實修秘法 290
- □ 智慧成就拙火瑜伽 330
- □ 蓮師大圓滿教授講記-藏密寧瑪派最高解脫法門 220
- □ 密宗的源流-密法內在傳承的密意 240
- □ 恆河大手印-傾瓶之灌的帝洛巴恆河大手印 240
- □ 岡波巴大手印-大手印導引顯明本體四瑜伽 390
- □ 大白傘蓋佛母-息災護佑行法(附CD) 295
- □ 密宗修行要旨-總攝密法的根本要義 430
- □ 密宗成佛心要-今生即身成佛的必備書 240
- □ 無死 超越生與死的無死瑜伽 200
- □ 孔雀明王行法-摧伏毒害煩惱 260
- □ 月輪觀•阿字觀-密教觀想法的重要基礎 350
- □ 穢積金剛-滅除一切不淨障礙 290
- □ 五輪塔觀-密教建立佛身的根本大法 290
- □ 密法總持-密意成就金法總集 650
- □ 密勒日巴大手印-雪山空谷的歌聲，開啟生命智慧之心 480

其他系列

- □ 入佛之門-佛法在現代的應用智慧 350
- □ 普賢法身之旅-2004美東弘法紀行 450
- □ 神通-佛教神通學大觀 590
- □ 認識日本佛教 360
- □ 華嚴經的女性成就者 480
- □ 準提法彙 200
- □ 地藏菩薩本願經與修持法 320
- □ 仁波切我有問題-一本關於空的見地、禪修與問答集 240
- □ 萬法唯心造-金剛經筆記 230
- □ 菩薩商主與卓越企業家 280
- □ 禪師的手段 280
- □ 覺貓悟語 280
- □ 蓮花生大士祈請文集 280

女佛陀系列

- □ 七優曇華-明末清初的女性禪師(上) 580
- □ 七優曇華-明末清初的女性禪師(下) 400

禪觀寶海系列

- □ 禪觀秘要 1200
- □ 通明禪禪觀-迅速證得六種神通與三種明達智慧的方法 290
- □ 首楞嚴三昧-降伏諸魔的大悲勇健三昧 420

高階禪觀系列

- □ 三三昧禪觀-證入空、無相、無願三解脫門的禪法 260
- □ 十種遍一切處禪觀-調練心念出生廣大威力的禪法 280
- □ 四諦十六行禪觀-佛陀初轉法輪的殊勝法門 350
- □ 大悲如幻三昧禪觀-修行一切菩薩三昧的根本 380
- □ 圓覺經二十五輪三昧禪觀-二十五種如來圓覺境界的禪法 400

虹彩光音系列

- □ 現觀中脈 250
- □ 草庵歌 250
- □ 阿彌陀佛心詩 250
- □ 觀世音·時空越 250
- □ 妙定功法 250
- □ 蓮師大圓滿 260
- □ 冥想·地球和平 心詩 280

光明導引系列

- □ 阿彌陀經臨終光明導引-臨終救度法 350
- □ 送行者之歌(附國台語雙CD) 480

淨土修持法

- □ 蓮花藏淨土與極樂世界 350
- □ 菩薩的淨土 390
- □ 諸佛的淨土 390
- □ 三時繫念佛事今譯

佛家經論導讀叢書系列

- □ 雜阿含經導讀-修訂版 450
- □ 異部宗論導讀 240
- □ 大乘成業論導讀 240
- □ 解深密經導讀 320
- □ 阿彌陀經導讀 320
- □ 唯識三十頌導讀-修訂版 520
- □ 唯識二十論導讀 300
- □ 小品般若經論對讀-上 400
- □ 小品般若經論對讀-下 420
- □ 金剛經導讀* 270
- □ 心經導讀 160
- □ 中論導讀-上 420
- □ 中論導讀-下 380
- □ 楞伽經導讀 400
- □ 法華經導讀-上 220
- □ 法華經導讀-下 240
- □ 十地經導讀 350
- □ 大般涅槃經導讀-上 280
- □ 大般涅槃經導讀-下 280
- □ 維摩詰經導讀 220
- □ 菩提道次第略論導讀 450
- □ 密續部總建立廣釋 280
- □ 四法寶鬘導讀 200
- □ 因明入正理論導讀-上 240
- □ 因明入正理論導讀-下 200

離言叢書系列

- ☐ 解深密經密意 390
- ☐ 如來藏經密意 300
- ☐ 文殊師利二經密意 420
- ☐ 菩提心釋密意 230
- ☐ 龍樹讚歌集密意 490
- ☐ 智光莊嚴經密意 420
- ☐ 無邊莊嚴會密意 190
- ☐ 勝鬘師子吼經密意 340
- ☐ 龍樹二論密意 260
- ☐ 大乘密嚴經密意 360
- ☐ 大圓滿直指教授密意 290
- ☐ 圓覺經密意 280

談錫永作品系列

- ☐ 閒話密宗 200
- ☐ 西藏密宗占卜法-妙吉祥占卜法（組合） 790
- ☐ 細說輪迴生死書-上 200
- ☐ 細說輪迴生死書-下 200
- ☐ 西藏密宗百問-修訂版 210
- ☐ 觀世音與大悲咒-修訂版 190
- ☐ 佛家名相 220
- ☐ 密宗名相 220
- ☐ 佛家宗派 220
- ☐ 佛家經論-見修法鬘 180
- ☐ 生與死的禪法 260
- ☐ 細說如來藏 280
- ☐ 如來藏三談 300

大中觀系列

- ☐ 四重緣起深般若-增訂版 420
- ☐ 心經內義與究竟義-印度四大論師釋《心經》 350
- ☐ 聖入無分別總持經對堪及研究 390
- ☐ 《入楞伽經》梵本新譯 320
- ☐ 《寶性論》梵本新譯 320
- ☐ 如來藏論集 330
- ☐ 如來藏二諦見 360
- ☐ 聖妙吉祥真實名經梵本校譯 390
- ☐ 聖妙吉祥真實名經釋論三種 390
- ☐ 《辨中邊論釋》校疏 400

甯瑪派叢書-見部系列

- ☐ 九乘次第論集 380
- ☐ 甯瑪派四部宗義釋 480
- ☐ 辨法法性論及釋論兩種 480
- ☐ 決定寶燈 480
- ☐ 無修佛道 360
- ☐ 幻化網秘密藏續釋-光明藏 560
- ☐ 善說顯現喜宴-甯瑪派大圓滿教法 650
- ☐ 勝利天鼓雷音-金剛乘教法史 1040

甯瑪派叢書-修部系列

- ☐ 大圓滿心性休息導引 395
- ☐ 大圓滿前行及讚頌 380
- ☐ 幻化網秘密藏續 480
- ☐ 六中有自解脫導引 520

藏傳佛教叢書系列

- ☐ 章嘉國師(上)-若必多吉傳 260
- ☐ 章嘉國師(下)-若必多吉傳 260
- ☐ 紅史 360
- ☐ 蒙古佛教史 260
- ☐ 西藏生死導引書(上)-揭開生與死的真相* 380
- ☐ 西藏生死導引書(下)-六種中陰的實修教授* 240
- ☐ 西藏不分教派運動大師 390
- ☐ 西藏_上 360
- ☐ 西藏 下 450

頂果欽哲法王文選(雪謙)

- [ ] 修行百頌-在俗世修行的101個忠告 260
- [ ] 覺醒的勇氣-阿底峽之修心七要 220
- [ ] 如意寶-上師相應法
- [ ] 你可以更慈悲 菩薩37種修行之道 350
- [ ] 證悟者的心要寶藏-唵嘛呢唄美吽 280
- [ ] 成佛之道-殊勝證悟道前行法 250
- [ ] 明月-頂果欽哲法王自傳與訪談錄 650
- [ ] 明示甚深道-自生蓮花心髓前行釋論 300
- [ ] 頂果欽哲法王傳-西藏精神(百歲紀念版) 650

幸福地球系列

- [ ] 不丹的幸福密碼11-11-11 不丹人心目中的仁王，國家幸福力的創造者:四世國王 1111
- [ ] 幸福是什麼？- 不丹總理吉美・廷禮國家與個人幸福26講 380
- [ ] 冥想・地球和平 380
- [ ] 雷龍之吼-不丹王國生存奮鬥史 450
- [ ] 地球企業家之道-地球企業家的核心、願景與實踐 480
- [ ] 和解 250

格薩爾王傳奇系列

- [ ] 格薩爾王傳奇1-神子誕生 280
- [ ] 格薩爾王傳奇2-魔國大戰 260
- [ ] 格薩爾王傳奇3-奪寶奇謀 280
- [ ] 格薩爾王傳奇4-爭霸天下 290
- [ ] 格薩爾王傳奇5-萬王之王 280
- [ ] 格薩爾王傳奇6-地獄大圓滿 290

山月文化系列

- [ ] 西藏繪畫藝術欣賞-平裝本 480
- [ ] 西藏繪畫藝術欣賞-精裝本 680
- [ ] 西藏傳奇大師密勒日巴唐卡畫傳 580
- [ ] 密勒日巴唐卡畫傳(精裝經摺本) 890
- [ ] 西藏健身寶卷 390
- [ ] 達瓦，一隻不丹的流浪犬 240
- [ ] 西藏格薩爾圖像藝術欣賞-上 480
- [ ] 西藏格薩爾圖像藝術欣賞-下 480

特殊文化之旅系列

- [ ] 西藏吉祥密碼(上)-符號、顏色、動植物 260
- [ ] 西藏格薩爾說唱藝人(附DVD) 350
- [ ] 西藏的節慶-拉薩篇 399
- [ ] 西藏吉祥密碼(下)-裝飾藝術、圖案、儀式 260
- [ ] 西藏民間樂器(附贈西藏傳統音樂CD) 350
- [ ] 西藏的節慶-各地采風篇 399

達賴喇嘛全傳

- [ ] 五世達賴-第一函-上 380
- [ ] 五世達賴-第一函-下 390
- [ ] 五世達賴-第二函-上 250
- [ ] 五世達賴-第二函-下 250
- [ ] 五世達賴-第三函-上 220
- [ ] 五世達賴-第三函-下 220
- [ ] 四世達賴-雲丹嘉措傳 220
- [ ] 三世達賴-索南嘉措傳 295
- [ ] 二世達賴-根敦嘉措傳 220
- [ ] 一世達賴-根敦珠巴傳 250

全套購書85折、單冊購書9折
(郵購請加掛號郵資60元)

全佛文化事業有限公司
新北市新店區民權路95號4樓之1
TEL:886-2-2913-2199
FAX:886-2-2913-3693
匯款帳號：3199717004240
合作金庫銀行大坪林分行
戶名：全佛文化事業有限公司
全佛文化網路書店www.buddhall.com

*本書目資訊與定價可能因書本再刷狀況而有變動，購書歡迎洽詢出版社。

佛教小百科14

《長壽延命本尊》

主　　編　洪啟嵩
執行編輯　彭婉甄、劉詠沛、吳霈媜
封面設計　張育甄
出　　版　全佛文化事業有限公司
訂購專線：(02)2913-2199
傳真專線：(02)2913-3693
發行專線：(02)2219-0898
匯款帳號：3199717004240 合作金庫銀行大坪林分行
戶　名：全佛文化事業有限公司
E-mail:buddhall@ms7.hinet.net
http://www.buddhall.com
門　　市　新北市新店區民權路108之3號10樓
門市專線：(02)2219-8189
行銷代理　紅螞蟻圖書有限公司
台北市內湖區舊宗路二段121巷19號（紅螞蟻資訊大樓）
電話：(02)2795-3656　傳真：(02)2795-4100
初　　版　二〇〇〇年五月
二版一刷　二〇二一年一月
定　　價　新台幣三三〇元

Buddhall

Published by BuddhAll Cultural Enterprise Co.,Ltd.

BuddhAll

BuddhAll.

All is Buddha.

BuddhAll